Introdução ao neuromarketing: desvendando o cérebro do consumidor

Shirlei Miranda Camargo
Vívian Ariane Barausse de Moura

intersaberes

Conselho editorial
  Dr. Alexandre Coutinho Pagliarini
  Drª Elena Godoy
  Dr. Neri dos Santos
  Dr. Ulf Gregor Baranow

Editora-chefe
  Lindsay Azambuja

Gerente editorial
  Ariadne Nunes Wenger

Assistente editorial
  Daniela Viroli Pereira Pinto

Preparação de originais
  Gilberto Girardello Filho

Edição de texto
  Arte e Texto
  Guilherme Conde Moura Pereira

Capa
  Charles L. da Silva (*design*)
  Josep.Ng e Aaish grafico/Shutterstock (imagens)

Projeto gráfico
  Mayra Yoshizawa

Diagramação
  Charles L. da Silva

Equipe de *design*
  Débora Gipiela
  Charles L. da Silva

Iconografia
  Sandra Lopis da Silveira
  Regina Claudia Cruz Prestes

Rua Clara Vendramin, 58 . Mossunguê
Cep 81200-170 . Curitiba . PR . Brasil
Fone: (41) 2106-4170
www.intersaberes.com
editora@intersaberes.com

Dados Internacionais de Catalogação na Publicação (CIP)
(Câmara Brasileira do Livro, SP, Brasil)

Camargo, Shirlei Miranda
  Introdução ao neuromarketing: desvendando o cérebro do consumidor/Shirlei Miranda Camargo, Vívian Ariane Barausse de Moura. Curitiba: InterSaberes, 2022. (Série Marketing.com)

  Bibliografia.
  ISBN 978-65-5517-312-3

  1. Consumidores – Comportamento 2. Consumidores – Psicologia 3. Marketing – Aspectos psicológicos 4. Neurociências 5. Neuromarketing I. Moura, Vívian Ariane Barausse de. II. Título. III. Série.

21-90203   CDD-658.8342

Índices para catálogo sistemático:
1. Neuromarketing: Administração   658.8342

Cibele Maria Dias – Bibliotecária – CRB-8/9427

1ª edição, 2022.

Foi feito o depósito legal.

Informamos que é de inteira responsabilidade das autoras a emissão de conceitos.

Nenhuma parte desta publicação poderá ser reproduzida por qualquer meio ou forma sem a prévia autorização da Editora InterSaberes.

A violação dos direitos autorais é crime estabelecido na Lei n. 9.610/1998 e punido pelo art. 184 do Código Penal.

Sumário

Agradecimentos - 5
Prefácio - 9
Apresentação - 15
Como aproveitar ao máximo este livro - 17

21

Capítulo 1 Neuromarketing: como tudo começou
1.1 O surgimento do neuromarketing - 22 |
1.2 A divisão trina do cérebro - 29

49

Capítulo 2 Decifrando alguns aspectos do ser humano
2.1 Emoções - 50 | 2.2 Memórias - 55 |
2.3 Genética como fator de comportamento - 61 |
2.4 A influência da memética no dia a dia - 67

77

Capítulo 3 Fatores que influenciam as tomadas de decisões
3.1 Diferenças comportamentais entre homens e mulheres - 78 | 3.2 Processo de tomada de decisão - 82 | 3.3 Mentira, autoengano e a pesquisa do marketing - 88 | 3.4 Vieses cognitivos - 93

103

Capítulo 4 As fases evolutivas do comportamento humano
4.1 Evolução do comportamento humano - 104

127

Capítulo 5 Aplicações do neuromarketing
5.1 Marketing sensorial - 128 | 5.2 Redes sociais e as influências comportamentais - 131 | 5.3 Neuromarketing aplicado ao mundo digital - 134 | 5.4 Neuromarketing aplicado ao *design*, à comunicação e à propaganda/publicidade - 137 | 5.5 Neuromarketing aplicado ao *branding* - 141

149

Capítulo 6 Pesquisas em neuromarketing: equipamentos, aplicações e desafios
6.1 Pesquisas em neuromarketing: equipamentos - 150 |
6.2 Pesquisas em neuromarketing: aplicações - 152 | 6.3 Desafios da pesquisa em neuromarketing - 157 | 6.4 Diagnóstico por imagem como instrumento de pesquisa de marketing - 160 | 6.5 Ética no neuromarketing - 162

Considerações finais - 171
Referências - 173
Respostas - 183
Sobre as autoras - 187

Agradecimentos

Prof. Dra. Shirlei Miranda Camargo

Querido leitor, como você verá no decorrer de sua leitura, o neuromarketing é uma área de estudos muito recente, que surgiu entre o final dos anos 1990 e início dos anos 2000. Ou seja, na linha do tempo da humanidade, foi praticamente ontem! Por isso, apesar de ficar muito feliz, senti o peso de um desafio: escrever um livro sobre um tema tão instigante e inovador, mas que fosse acessível mesmo para pessoas que não têm proximidade nem com o marketing nem com a neurociência. E para cumprir esse desafio, chamei minha amiga/parceira Vívian Ariane Barausse de Moura, mestre e pesquisadora nas áreas de educação e informática, participante de projetos de extensão em neurociência e, além de tudo, uma pessoa com uma alma maravilhosa. Então, aqui fica meu enorme agradecimento a ela, por ter aceitado participar desse desafio comigo.

Porém, também quero agradecer a Deus, pois sem ele eu nem estaria aqui escrevendo estas palavras. Agradeço a minha mãe, Miria Furman, e a meu pai, Joel Miranda Camargo, que sempre me apoiaram e incentivaram. Minha mãe sempre esteve ao meu lado, ajudando a cuidar de meus filhos para que eu pudesse dar conta dos meus estudos e projetos. Meu pai, sempre com seus sábios conselhos. Lembro-me de um dia quando estava em dúvida se faria ou não o doutorado e ele me disse: *filha, cavalo encilhado só passa um vez*. E cá estou eu, doutora e escritora na área de marketing. Também agradeço imensamente a meu amado esposo, Cassiano Lemanski de Paiva, que desde sempre me apoiou e, durante as fases mais difíceis, de muito trabalho, esteve ao meu lado, ajudando-me com nossos filhos, nas tarefas da casa e, ainda, bancando ser meu revisor (isso tudo nas suas horas "vagas"). Além disso, agradeço a meus filhos amados, Luiza e Thiago, pela paciência com esta mãe que eles se acostumaram a ver com um *notebook* embaixo do braço sempre dizendo: *já vou brincar, só falta um pouquinho*! Saibam que fiz tudo isso por vocês, meus amores. Ainda, quero citar minha orientadora/amiga, Ana Maria Machado Toaldo, que me auxiliou na minha formação enquanto doutora e pesquisadora em marketing. E, claro, agradecer a outros familiares que, ao longo da minha caminhada, contribuíram de diversas maneiras: minha sogra, Eliane Marisa Lemanski, minha cunhada, Larissa Lemanski de Paiva, e minha irmã, Elenicia Camargo Mota; bem como a tantos amigos e colegas que me ajudaram acadêmica ou profissionalmente e que, por falta de espaço, seria impossível citar aqui. Contudo, represento eles por meio das minhas amigas queridas, que sempre estão ao meu lado: Kelly Rodrigues, Jana Seguin, Juliana Noschang da Costa, Maria Carolina Avis (minha consultora/amiga de marketing digital) e Pollyanna Gondin, mulheres poderosas, batalhadoras e que moram no meu coração! E, por fim, mas não menos importante, agradeço ao Professor Amir Rezaee, Doutor pela Université d'Orléans e professor na ISG Business School, que aceitou com alegria escrever o prefácio desta obra.

Prof. Me. Vívian Ariane Barausse de Moura

Escrever um livro sempre foi um sonho e até um preceito... Sabe aquele ditado bem famoso, *plante uma árvore, escreva um livro e tenha um filho*? Já plantei árvores, não tenho filhos, mas agora posso dizer que escrevi um livro. E com muita honra aceitei o desafio da minha amiga/parceira Shirlei Miranda Camargo para trazer a você, querido leitor, a melhor proposta dentro do meu conhecimento e de minhas pesquisas. Foram muitos estudos, conversas e esclarecimentos com profissionais de várias outras áreas aos quais estendo meu agradecimento. Agradeço especialmente a Shirlei, pela oportunidade, pela confiança, pelo companheirismo e, principalmente, por ser uma pessoa incrível e um exemplo para todos que a conhecem.

Tudo isso só foi possível pelo intermédio divino, e agradeço a Deus acima de tudo. Ele me direcionou a esse caminho, portanto, agradeço pelas oportunidades e por colocar pessoas espetaculares na minha vida. Também sou muito grata à minha família. Começo agradecendo ao meu avô, Vilson Barausse, com seus "causos" e histórias que despertaram a minha eterna curiosidade. Sou grata à minha avó e madrinha, Maria da Piedade Barausse, por todas as orações e incentivos. À minha mãe, Vilma Barausse, por ser o ser humano mais generoso que conheço e por me apoiar e me direcionar em todas as ocasiões. Ao meu pai, Welci Moura, por ter me criado para ser independente e questionadora. Aos meus irmãos, Pedro Barausse de Moura, que divide comigo a paixão pela leitura e me empresta seus preciosos livros, e Wagner Barausse de Moura, por ser sempre companheiro e estar comigo sempre que preciso. À minha tia Célia e ao meu afilhado Otávio Vilton Barausse. Agradeço ao meu amor, Manoel José Bulhões Barauce, por seu companheirismo e apoio: obrigada por tornar este sonho possível e compreender a minha dedicação aos meus afazeres todas as horas que passei e passo dedicada às pesquisas e aos estudos. Gratidão a minha sogra, Maria José Garcia Bulhões Barauce, meu sogro, Edson Luiz Barauce, minha cunhada/irmã, Maria Aparecida Bulhões Barauce, e minha afilhada/sobrinha, Maria Clara Barauce. E, claro, agradecer a outros familiares que, ao longo da minha caminhada, contribuíram de diversas maneiras. Ainda, não posso deixar de citar nosso fiel companheiro, Whisky (nosso cachorro), que deixa tudo mais divertido e alegre. Ainda, quero citar minha orientadora e amiga, Letícia Mara Peres, pessoa muito importante na minha vida e que, além de direcionar a minha pesquisa do mestrado, mudou minha concepção sobre pesquisa. E, também, a tantos amigos e colegas que auxiliaram no meu desenvolvimento acadêmico e profissional. Contudo, represento todos eles por meio de uma pessoa especial na minha formação: minha professora da infância e hoje amiga, Eroni Garret. Por fim, mas não menos importante, agradeço ao Professor Amir Rezaee, Doutor pela Université d'Orléans e professor na ISG Business School, que aceitou com alegria escrever o prefácio desta obra.

Prefácio

Preface,

Almost ten years ago a colleague offered me the opportunity to study together the impact of sponsoring contracts. As a researcher in finance, I had no clue as to what research in marketing looks like.

Although I have been invited to bring my knowledge on methodology needed to exploit the outstanding database, my curiosity brought me to consider not only the studied subject but also the whole field of marketing research. It mainly looked attractive to me for three reasons.

First and foremost because of its broad application. Nowadays it's almost impossible to not come across an advertisement or a sponsored event. On the web, on TV, at bus stops the marketing is all over the world with serious economic and social implications. We all know stories about marketing mottos which saved or sometimes (it happens!) ruined a brand. Many countries are still known abroad by the advertisements of their national brands. Sometimes the image of a whole region or city is built through the messages conveyed by the local brands.

Second, I was amazed by the amount of money at stake in the marketing industry. At the time when we began our study, the global sponsorship spendings had just hit a new record at around $ 50 billion per year (IEG Sponsorship report). Since then the global spendings has not stopped to mark new records until reaching more than $ 65 billion, just before the COVID-19 pandemic. For the sake of comparison the amount is equal to the GDP of a country like Panama or the half of the GDP of Ukraine.

Third, which stems from the past point, is that I realized there is still much that could be done to improve the performance of spendings and to make these spendings more efficient. Moreover, coming from a discipline where the mathematical and robust statistical methods constitute the basics of research I was somehow surprised by the loose application of statistics in the marketing research.

Thanks to the recent developments in marketing research, universities have paid special attention to statistics courses and this latter is more present in the curriculum of Marketing programs.

Obviously, the more accurately marketing projects are gaged by the researchers the more efficient will become the spendings. However, the improvement of assessments is just a part of the solution. In order to make marketing projects more efficient we also need to have a better understanding of the humain and especially its brain. It's a common thing to see some marketing campaigns and commercials missing totally the point and instead of promoting the product they trigger the opposite (negative) feeling toward the product.

This waste of resources (financial and time) could be avoided if better feasibility studies had been carried on to understand the target populations' feelings and mindset.

Neuromarketing is an interdisciplinary field which enables the marketing professionals to call upon the research in psychology and in neurosciences to improve the impact of marketing campaigns. Though it's a new discipline, Neuromarketing has now become an essential marketing methode which comes along the traditional methods to improve the efficiency of marketing tools. Given the obvious implications of cognitive and affective responses of the brain to marketing stimulus, it's even surprising to see how latecomer neuromarketing is.

This book is good news for marketing research which arrives at the right moment. Beyond the personal quality of the authors who have brought together their years of rich experience in research and teaching of Marketing to write this book, it actually answers the concrete questions.

Through an informative approach, the authors develop the core concept of neuromarketing by starting from the very basics. After presenting the implications of memories, emotions and genetics in human behaviour they describe the procedure of purchase in the light of these factors. Then they show how the long journey of mankind on this planet has shaped our understanding and behaviour.

Finally the book provides a view on the ongoing research in neuromarketing enabling the interested researchers to take over the research. I particularly like the book for its broad coverage of subject and generosity with which the authors tackle this vast domain.

In a post-COVID era we will need to be more efficient when tackling the marketing projects. I hope the reader enjoys reading and learning from this book and hope it could give him the desire to go further and do her/his own research in Neuromarketing and make marketing more efficient.

Amir Rezaee, PhD

Paris, April 2021

Prefácio (em língua portuguesa)[1]

Há quase dez anos, um colega me ofereceu a oportunidade de estudarmos, juntos, o impacto gerado por patrocínios. Como pesquisador na área de finanças, eu não tinha ideia do que era uma pesquisa de marketing.

Apesar de ter sido convidado para contribuir com meus conhecimentos sobre a metodologia necessária à análise do banco de dados remanescente, minha curiosidade me levou a considerar não apenas o assunto que estávamos estudando, mas também toda a área da pesquisa de marketing. Isso me pareceu atrativo principalmente por três motivos.

O primeiro consistia na vasta aplicação desse campo. Atualmente, é quase impossível não se deparar com uma propaganda ou um evento patrocinado. Na internet, na televisão, em pontos de ônibus, entre outros meios e espaços do mundo todo, o marketing está presente, trazendo sérias implicações econômicas e sociais. Você deve conhecer motes de marketing que salvaram uma marca ou a arruinaram (isso acontece!). Muitos países ainda são conhecidos no exterior pelas propagandas de suas marcas nacionais. Por vezes, a imagem de toda uma região ou cidade é construída mediante mensagens veiculadas pelas marcas locais.

O segundo motivo, que me deixou impressionado, referia-se à quantidade de dinheiro em jogo na indústria de marketing. De acordo com o relatório do IEG de 2012, na época em que iniciamos nosso estudo, os gastos globais com patrocínio tinham acabado de atingir o recorde de 48,6 bilhões de dólares em 2011. Desde então, esses números continuaram crescendo até ultrapassarem 65 bilhões de dólares em 2019, logo antes da pandemia de covid-19. Para efeito de comparação, essa quantia equivale ao Produto Interno Bruto (PIB) de um país como o Panamá ou à metade do PIB da Ucrânia.

---

1 Tradução nossa.

O terceiro motivo, relacionado ao item anterior, foi perceber que ainda há muito a ser feito para aperfeiçoar o desempenho de gastos e torná-los mais eficientes. Além disso, por ser de uma área cujos fundamentos são constituídos de métodos matemáticos e métodos estatísticos robustos, fiquei de certa forma surpreso com a aplicação da estatística à pesquisa de marketing. Graças a recentes progressos nesse âmbito, as universidades têm dado atenção especial às aulas de estatística, que estão mais presentes na grade curricular dos cursos de marketing.

Evidentemente, quanto mais minuciosos forem os cálculos concernentes aos projetos de marketing, mais precisos serão os gastos. Contudo, o aprimoramento das estimativas resolve apenas parte do problema.

A fim de tornar projetos de marketing mais eficientes, é necessário ter um melhor entendimento do ser humano e, principalmente, de seu cérebro. É comum ver campanhas de marketing e comerciais que acionaram nas pessoas uma emoção negativa em relação ao produto, perdendo totalmente o objetivo de promovê-lo. Esse desperdício de recursos (financeiros e de tempo) poderia ser evitado se melhores estudos de viabilidade sobre a mentalidade do público-alvo fossem conduzidos.

O neuromarketing é uma área interdisciplinar que habilita profissionais de marketing a utilizarem, em suas campanhas, pesquisas da psicologia e da neurociência. Embora seja nova, essa disciplina se tornou essencial ao marketing, contendo também métodos tradicionais em busca de aperfeiçoar as ferramentas da área. Dadas as implicações óbvias das respostas cognitivas e afetivas do cérebro aos estímulos de marketing, é até surpreendente ver o quão recente é essa área.

Além da qualidade das autoras, que reuniram aqui seus anos de rica experiência em pesquisa e ensino de marketing, esta obra promissora traz respostas a dúvidas concretas.

Por meio de uma abordagem informativa, as autoras desenvolvem o conceito central do neuromarketing a partir de seus fundamentos.

Depois, versam sobre a influência exercida pelas emoções, pelas memórias e pela genética no comportamento humano, descrevendo o procedimento de compra à luz dos fatores psicológicos, pessoais e sociais. Em seguida, mostram como a longa jornada da humanidade no planeta moldou o entendimento e o comportamento dos indivíduos. Por fim, fornecem um olhar sobre o andamento dos estudos em neuromarketing, permitindo que os interessados dominem a pesquisa da área. Gostei, particularmente, da ampla abordagem de assuntos e da generosidade com a qual as autoras lidam com esse vasto campo do conhecimento.

Na era pós-covid, precisaremos ser mais eficientes ao lidar com projetos de marketing. Espero que você, leitor(a), aprecie este livro e motive-se a ir além, fazendo sua própria pesquisa em neuromarketing em busca de um marketing mais eficaz.

Dr. Amir Rezaee

Paris, abril de 2021.

Apresentação

Nos últimos anos, vivenciamos enormes mudanças em nossas vidas por conta dos avanços tecnológicos que são cada vez mais constantes, obrigando-nos a adotar hábitos até então impensáveis. Antes de dormir, damos aquela olhadinha nas redes sociais, ajustamos nosso despertador no celular e, quando acordamos, a primeira coisa que fazemos é olhar se há alguma mensagem ou alguma curtida nas nossas postagens do dia anterior. Na sexta à noite, não ligamos mais para pedir uma pizza, mas acessamos uma pizzaria em um aplicativo do celular para pedir ½ calabresa e ½ mussarela. E quando saímos para viajar, nem lembramos mais da máquina fotográfica digital esquecida em alguma gaveta. Só o celular nos basta para fotografar, filmar, postar e... Comprar!

Obviamente, se o consumidor mudou seus hábitos, a forma de conhecer esse consumidor também evoluiu com todos os avanços tecnológicos. Um exemplo disso é o uso da neurociência – ciência que estuda e reúne informações sobre a estrutura e as funções do cérebro – nessa tarefa. De tempos em tempos, ela surge com novos equipamentos, métodos e técnicas em processamento de imagens, possibilitando ao homem conhecer cada vez mais este (ainda) ilustre desconhecido – nosso cérebro. Isso porque se sabe que, aproximadamente, 95% das nossas decisões são tomadas no "piloto automático", de forma inconsciente (Zaltman, 2003), e a neurociência pode ajudar a desvendar como tal processo ocorre. Com as informações trazidas por essa área, as empresas podem desenvolver melhores produtos, serviços, anúncios etc., enfim, estratégias de marketing muito mais eficazes!

Então, para ajudar você a dar os primeiros passos no neuromarketing, esta obra está dividida em seis capítulos. No Capítulo 1, trazemos um pouco da origem e dos conceitos do neuromarketing e, também, a questão do cérebro trino. No Capítulo 2, vamos conversar sobre emoções, memórias, memética, genética e como elas influenciam nossos comportamentos, inclusive os de compra! Já no Capítulo 3, apresentamos informações sobre o processo de compra e como a mentira e o autoengano, as diferenças de gêneros e de vieses, também trazem impactos para o marketing e, por isso, precisam ser estudados à luz da neurociência. Por sua vez, o Capítulo 4 aborda a evolução dos homens ao longo do tempo, passando por todas suas fases e respectivas características, que certamente também influenciam nos comportamentos e, obviamente, no consumo. No Capítulo 5, abordamos o marketing sensorial, além de trazer informações e aplicações dos conhecimentos da neurociência nas estratégias de marketing, como *branding*, *design*, comunicação e redes sociais. Por fim, no Capítulo 6, vamos aprender sobre pesquisas em neuromarketing e suas ferramentas/equipamentos, sem deixar de, ao final, fazermos uma importante reflexão ética sobre o neuromarketing.

Bons estudos!

Como aproveitar ao máximo este livro

Empregamos nesta obra recursos que visam enriquecer seu aprendizado, facilitar a compreensão dos conteúdos e tornar a leitura mais dinâmica. Conheça a seguir cada uma dessas ferramentas e saiba como elas estão distribuídas no decorrer deste livro para bem aproveitá-las.

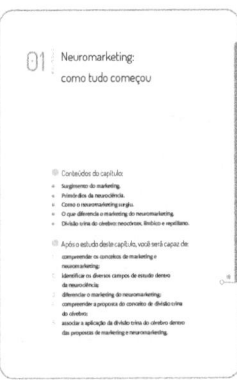

Conteúdos do capítulo:
Logo na abertura do capítulo, relacionamos os conteúdos que nele serão abordados.

Após o estudo deste capítulo, você será capaz de:
Antes de iniciarmos nossa abordagem, listamos as habilidades trabalhadas no capítulo e os conhecimentos que você assimilará no decorrer do texto.

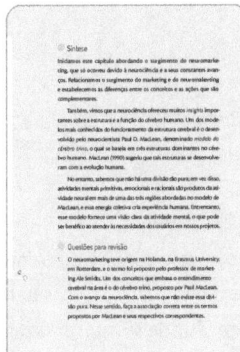

Síntese
Ao final de cada capítulo, relacionamos as principais informações nele abordadas a fim de que você avalie as conclusões a que chegou, confirmando-as ou redefinindo-as.

Questões para revisão
Ao realizar estas atividades, você poderá rever os principais conceitos analisados. Ao final do livro, disponibilizamos as respostas às questões para a verificação de sua aprendizagem.

Questões para reflexão
Ao propor estas questões, pretendemos estimular sua reflexão crítica sobre temas que ampliam a discussão dos conteúdos tratados no capítulo, contemplando ideias e experiências que podem ser compartilhadas com seus pares.

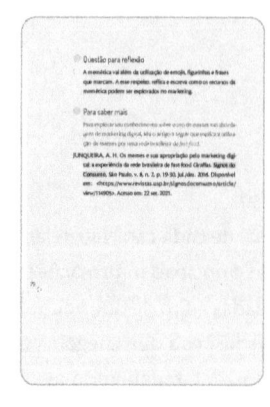

Para saber mais
Sugerimos a leitura de diferentes conteúdos digitais e impressos para que você aprofunde sua aprendizagem e siga buscando conhecimento.

Shirlei Miranda Camargo
Vívian Ariane Barausse de Moura

01 Neuromarketing: como tudo começou

Conteúdos do capítulo:

- Surgimento do marketing.
- Primórdios da neurociência.
- Como o neuromarketing surgiu.
- O que diferencia o marketing do neuromarketing.
- Divisão trina do cérebro: neocórtex, límbico e reptiliano.

Após o estudo deste capítulo, você será capaz de:

1. compreender os conceitos de marketing e neuromarketing;
2. identificar os diversos campos de estudo dentro da neurociência;
3. diferenciar o marketing do neuromarketing;
4. compreender a proposta do conceito de divisão trina do cérebro;
5. associar a aplicação da divisão trina do cérebro dentro das propostas de marketing e neuromarketing.

1.1
O surgimento do neuromarketing

Olá, leitor! Seja muito bem-vindo a esta breve aventura que faremos pelo mundo do neuromarketing. E, claro, antes de "navegar", precisamos nos preparar, e para isso é preciso conhecer as origens do neuromarketimg. Como você deve imaginar, o neuromarketing é a junção de duas grandes áreas: marketing e neurociência. Vamos conhecer como elas surgiram?

1.1.1 O início do marketing

Até o final do século XIX, não existiam indústrias e, portanto, nem *shoppings* ou lojas, apenas feiras ou pequenos estabelecimentos chamados de *secos e molhados*[1]. Quando alguém precisava de um vestido, por exemplo, teria de confeccioná-lo ou então se dirigia até uma costureira para ela criar um sob medida. Chamamos a essa época de era artesanal. Porém, com a chegada da revolução industrial[2], esse cenário começou a mudar – enfim chegávamos à era industrial.

À época, surgiam indústrias que começaram a fabricar produtos industrializados e em grandes quantidades. As empresas, no entanto, não estavam muito preocupadas com os clientes. Como disse Henry Ford, fundador da empresa de automóveis Ford, o cliente poderia escolher a

---

1 Pequenas lojas nas quais eram venvidos gêneros alimentícios, bebidas e alguns utensílios (Freire, 1954).

2 "As Revoluções Industriais (RIs) vêm definindo períodos de transição da vida humana [...] A primeira RI (posicionada temporalmente entre 1760 e 1840), marcada pela invenção da máquina a vapor, propiciou a produção mecânica; a segunda teve início no final do século XIX, abalizou o advento da eletricidade e viabilizou a produção em massa por meio, particularmente, das linhas de montagem. O ciclo digital, ou do computador (terceira RI), apresenta como marco inicial a década de 1960 e foi propulsado a partir do desenvolvimento dos semicondutores, da computação pessoal e da internet. A Indústria 4.0 surge subsequente à terceira RI – as máquinas ainda necessitavam de profissionais específicos para notificarem e corrigirem seus erros e até para serem ligadas – e é também chamada de quarta RI" (Menelau et al., 2019, p. 3)

cor que queria de carro, desde que fosse preta (obviamente, eles só faziam carros pretos). No entanto, com o passar do tempo, cada vez mais indústrias foram aparecendo; a concorrência aumentou e os estoques começaram a ficar abarrotados de produtos. Agora, estamos falando da era das vendas, na qual as empresas queriam vender seus produtos a qualquer custo e, para isso, usavam táticas bem agressivas, sem se preocupar com o que as pessoas realmente precisavam ou queriam, levando-as, muitas vezes, a comprar sem necessidade.

Contudo, essa postura não estava funcionando, pois, se as pessoas não gostavam do produto, não compravam novamente e ainda falavam mal dele para seus pares. Em decorrência disso, surgiu a era do marketing como o conhecemos, já que antes ele até existia, mas focava basicamente na distribuição do que era produzido. No entanto, percebeu-se que era importante entender o consumidor e o que ele queria de fato, e não tentar "empurrar" o que era produzido. Esse panorama foi vivenciado aproximadamente na década de 1950.

Portanto, podemos afirmar que o "marketing é uma disciplina nova de prática bem antiga" (Motta, 1983, p. 37) e que, na realidade, nasceu quando o homem realizou as primeiras trocas de produtos, muitos séculos atrás. No entanto, como "ideia", ele surgiu quando algumas pessoas começaram a acreditar que a teoria econômica vigente nos Estados Unidos no início do século XX não estava totalmente correta. No seu início, como já mencionamos, o marketing se preocupava com questões do escoamento das produções (distribuição física), bem como com aspectos econômicos e legais das transações (Motta, 1983; Corrêa, 2011).

Assim, entre os anos 1902 e 1905, os acadêmicos E. D. Jones, Simon Litman, George M. Fisk e W. E. Kreusi, nas universidades de Michigan, Califórnia, Illinois e Pensilvânia, respectivamente, iniciaram a oferta de cursos sobre esses novos assuntos relacionados à distribuição dentro das faculdades de economia (Oliveira; Moretti; Silva, 2017). No entanto, foi somente com a concepção do *mix* de marketing[3], na década de 1950, que o foco do marketing se deslocou para o campo gerencial (Motta, 1983; Corrêa, 2011).

Ou seja, os gestores de marketing saíram da rotina operacional e passaram a coordenar os famosos 4 Ps (*produto, praça, preço e promoção*). Foi nesse mesmo cenário que o marketing também começou a se interessar pelo comportamento dos consumidores. Inclusive, à época, aconteceu um aumento geral no interesse pelo comportamento humano, em diversas áreas. Assim, surgiu o conceito de orientação para o cliente, por meio do qual a satisfação do consumidor passou a ser o objetivo e a vocação das empresas (Corrêa, 2011). É justamente em relação a esse aspecto que se começou a ter mais interesse pelo comportamento do consumidor e que o marketing se uniu à neurociência.

1.1.2 Como a neurociência começou

A neurociência, em suas diversas vertentes, busca compreender o sistema nervoso e suas relações com a fisiologia do organismo em geral, incluindo a relação entre o cérebro e o comportamento humano. Há muitos estudos sobre os processos cerebrais; consequentemente, essa temática passou e passa por constantes mudanças, e novas concepções surgem ou são reformuladas em consonância com as neurociências.

De acordo com Roth e Dicke (2013), compreender o funcionamento do cérebro humano é a base de pesquisas que ocorrem há muito tempo. Alguns estudos históricos que remontam há 7.000 anos encontraram crânios perfurados, além de anotações relacionadas ao que se supunha ser o funcionamento cerebral. A esse respeito, Ventura (2010, p. 123), explica:

---

3   Também conhecido como *composto de marketing*, refere-se aos conhecidos 4 Ps do marketing: *produto, preço, praça* (ou *ponto*) e *promoção* (ou *propaganda*).

A neurociência compreende o estudo do sistema nervoso e suas ligações com toda a fisiologia do organismo, incluindo a relação entre cérebro e comportamento. O controle neural das funções vegetativas – digestão, circulação, respiração, homeostase, temperatura –, das funções sensoriais e motoras, da locomoção, reprodução, alimentação e ingestão de água, os mecanismos da atenção e memória, aprendizagem, emoção, linguagem e comunicação, são temas de estudo da neurociência.

Conforme Gonçalves (2016), muitos estudiosos, ao longo dos anos, dedicaram-se ao estudo do funcionamento do mecanismo cerebral. Em 1875, o médico Richard Caton usou eletroencefalogramas em coelhos e macacos e comprovou a diferença de funcionalidade entre os dois lados do cérebro. Mas foi somente em 1924 que o neurologista alemão Hans Berger realizou o primeiro exame de eletroencefalograma em humanos para estudar as atividades cerebrais (Gonçalves, 2016).

Porém, como destaca Ventura (2010), foi Alexander Romanovich Luria que desenvolveu pesquisas relevantes sobre o tema. Durante a Segunda Guerra Mundial, Luria observou o comportamento dos pacientes com lesões cerebrais e, por meio de anotações, fez um levantamento sobre as alterações comportamentais oriundas dessas lesões.

Com esse procedimento, Luria pretendia identificar as bases neurológicas do comportamento. Tais estudos deram início, de certa maneira, ao elo entre a psicologia e a neurociência.

Como Santos et al. (2014) ensinam, a neurociência, no seu início, pertencia à medicina funcional e anatômica e, também, à psiquiatria, no intuito de estudar patologias e distúrbios comportamentais. No entanto, no final do século XX, surgiram outros campos de estudo da neurociência, que começou a ser utilizada para estudar processos decisórios, psicologia clínica e aprendizado, bem como hábitos de consumo.

E é justamente aqui que o marketing se encontra com a neurociência: para entender tais hábitos.

1.1.3 O surgimento do neuromarketing

Caro leitor, já explicamos como surgiram estas duas importantes áreas, marketing e neurociência, e fornecemos uma pista de como elas se "conheceram": o marketing queria entender melhor o seu consumidor e a neurociência poderia ajudar nesse sentido. Isso porque os estudos foram revelando, ao longo dos anos, que o homem processa a maior parte das informações no nível subconsciente, ou seja, ele age conforme os hábitos que cria, e o faz pelo chamado "piloto automático". Segundo uma teoria antiga de James (citado por Fadiman; Frager, 1986, p. 155):

> Hábitos são ações ou pensamentos que aparecem aparentemente como respostas automáticas a uma dada experiência. [...] Os hábitos são valiosos e necessários. "O hábito simplifica o movimento necessário para obter um dado resultado. Torna-o mais acurado e diminui a fadiga" (James, 1890, I, p. 112). [...] Por outro lado, "o hábito diminui a atenção consciente com a qual nossas ações são realizadas" (James, 1890, I, p. 114).

Em outras palavras, realizamos uma serie de ações que se tornam habituais, inclusive na tomada de decisões. Contudo, quando fazemos isso, perdemos a atenção, pois agimos de forma inconsciente. Por exemplo, no ponto de venda, podemos escolher determinada marca de café sem nem perceber novidades ou promoções, simplesmente porque somos movidos pelo hábito.

Assim, certamente alguém se interessou em saber como as ações do marketing impactavam a mente dos consumidores, a partir do que nasceu mais um braço da neurociência: o neuromarketing (Gonçalves, 2016).

Obviamente, é difícil afirmar com certeza quando e quem inventou o neuromarketing, mas podemos ter uma ideia ao elencar alguns nomes precursores da área que, em maior ou menor medida, na mesma época começaram a fazer seus experimentos. De acordo com Correia (2014), citando Fisher, Chin e Klitzman (2010), as primeiras experiências com o neuromarketing surgiram nos anos de 1990, por meio de uma pesquisa realizada por Gerald Zaltman e Stephen Kosslyn, professores de Harvard, que utilizaram aparelhos de ressonância magnética para fins de marketing, e não médicos.

No entanto, alguns creem que o pai do neuromarketing foi o cientista Ale Smidts, que patenteou o termo (Correia, 2014). Assim, a palavra *neuromarketing* teria sido utilizada pela primeira vez no início dos anos 2000 por esse cientista e professor de pesquisa em marketing da Erasmus University Rotterdam (Gonçalves, 2016).

Conforme Correia (2014), no ano de 2001, a empresa de consultoria BrigthHouse inaugurou uma divisão especializada em neuromarketing. Na época, essa organização anunciou que, para estudos de marketing, usaria o *functional magnetic ressonance imaging* (fMRI) – em português, imagem por ressonância magnética funcional – assunto que será tratado mais à frente, nos próximos capítulos (Colaferro; Crescitelli, 2014). Assim, a empresa acabou chamando a atenção da ciência, do mercado e da mídia, o que representou o pontapé inicial para o surgimento de mais organizações especializadas nesse campo (Correia, 2014).

Enfim, podemos dizer que o neuromarketing surgiu entre o final dos anos 1990 e o começo dos anos 2000. Portanto, é uma área novíssima e que está apenas engatinhando.

1.1.4 Diferenças entre marketing e neuromarketing

Já explicamos que o neuromarketing surgiu da união de duas grandes áreas, marketing e neurociência. Mas qual é a diferença entre marketing e neuromarketing? Por ser uma área nova, a neurociência gera uma série de temores nas pessoas. Por exemplo, você sabia que, no início do século XVIII, as pessoas, em uma viagem de trem (onde a locomotiva poderia atingir os impensáveis 30 km/h), tinham medo de se desintegrar por conta da velocidade do veículo? (Mateos, 2015).

No caso do neuromarketing, alguns acreditam que essa área se dedica a influenciar as pessoas a comprarem coisas – geralmente, de que realmente não precisam –, e que, portanto, estimula uma ação ruim e perigosa. Parte da "culpa" por esse equívoco está no próprio termo: *neuromarketing* parece algo suspeito, como um tipo diferente (e nefasto) de marketing, mas não é (Genco; Pohlmann; Steidl, 2013).

O marketing, sim, dedica-se a influenciar as pessoas a gostar de coisas e, finalmente, comprá-las, inclusive o que talvez não sejam tão necessário. O marketing é (e sempre foi) dedicado a influenciar cérebros. Por sua vez, o neuromarketing se refere a uma nova maneira de medir *se* e *como* o marketing funciona. Ele se baseia em uma compreensão mais realista da forma como os consumidores e seus cérebros operam. Então, se você acredita que influenciar cérebros é uma coisa ruim, então sua reclamação é com o marketing, não com o neuromarketing (Genco; Pohlmann; Steidl, 2013). Mas deixem-nos fazer um adendo aqui para defender o marketing.

É ele que ajuda as empresas a divulgar e vender seus produtos, e isso é que faz a economia girar: a empresa produz, o marketing ajuda a vender, as pessoas compram, a empresa lucra e paga seus colaboradores, que, com esse dinheiro, adquirem produtos de outras empresas. A ideia central do marketing é desenvolver produtos e serviços que realmente tragam satisfação aos consumidores, a fim de que eles continuem comprando, tragam lucro e, assim, a organização possa continuar gerando empregos e produzindo novos produtos e serviços. Ninguém quer enganar ninguém e todos saem ganhando: empresas, consumidores e sociedade. Evidentemente, sabemos que existem profissionais e empresas que agem de má fé, e infelizmente em qualquer área isso acontece. Mas os consumidores estão muitos mais empoderados, e cada vez mais as empresas que adotam essa postura estão pagando o preço por seus erros.

1.2
A divisão trina do cérebro

Com base no que apresentamos até aqui, podemos concluir que o neuromarketing tem como objetivo realizar o mapeamento da maneira como o cliente pensa, assim como entender e empregar diferentes estímulos para influenciar na decisão de compra.

Nossa "matéria-prima" é o cérebro. Portanto, neste item, tomaremos como base o estudo do neurocientista Paul D. MacLean (1990), que introduziu o conceito de cérebro trino na década de 1960, quando descreveu o funcionamento do cérebro em camadas funcionalmente distintas. O detalhamento da sua teoria foi descrito em seu livro, lançado em 1990: *The Triune Brain in Evolution: Role in Paleocerebral Functions* (em tradução literal, *O cérebro trino na evolução: o papel nas funções paleocerebrais*), no qual o autor explica o cérebro em termos de três estruturas funcionais distintas que surgiram ao longo de um caminho evolutivo.

Embora esse modelo seja uma explicação simplificada da atividade e organização cerebral, ele fornece uma aproximação fácil para a compreensão da hierarquia das funções cerebrais. Por isso, tornou-se uma forma amplamente utilizada de explicar o funcionamento do cérebro. Alguns aspectos da teoria do cérebro trino são considerados controversos, mas continuam nos fornecendo uma forma útil de pensar sobre suas diferentes "estruturas".

Na perspectiva de MacLean, o cérebro se desenvolveu ao longo da evolução dos vertebrados em um órgão de três estruturas, as quais retêm parte da separação de suas diferentes origens evolutivas, apesar de serem altamente interconectadas. MacLean (1990) sugere que o cérebro humano está organizado em uma hierarquia que, em si, é baseada em uma visão evolutiva do desenvolvimento cerebral. As três regiões estão detalhadas na figura a seguir.

Figura 1.1 – Estruturas cerebrais

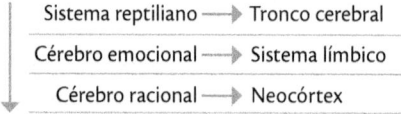

Fonte: Elaborado com base em MacLean, 1990, p. 54.

O modelo cerebral trino, apresentado na Figura 1.1, sugere que primeiramente o tronco cerebral foi adquirido, sendo responsável por nossos instintos primitivos; depois surgiu o sistema límbico (ou afetivo), a quem cabem nossas emoções; na sequência, o neocórtex, considerado o responsável pelo pensamento racional ou objetivo (Maclean, 1990).

Figura 1.2 – Evolução do cérebro

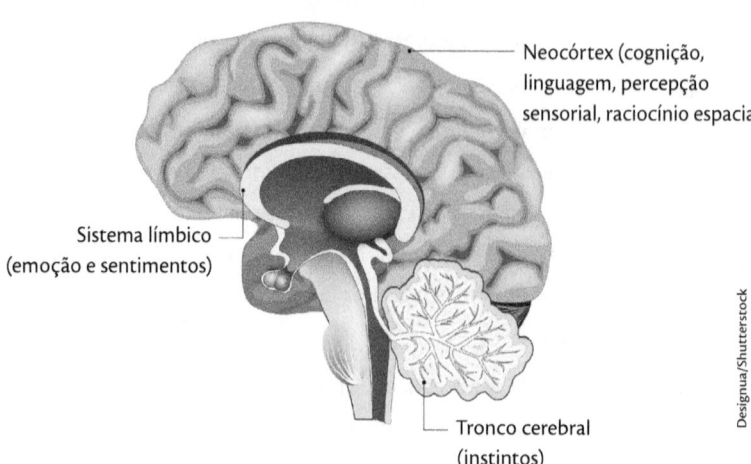

O modelo de MacLean (1990) afirma que a atividade nas três regiões cerebrais (gânglios basais, sistema límbico e neocórtex) é amplamente distinta quando estamos envolvidos em cada uma das possíveis atividades mentais representadas na figura.

Por exemplo, quando estamos em perigo e devemos responder rapidamente, a estrutura réptil é despertada, como um ato de autopreservação, preparando-nos para a ação, o que dá início à liberação de substâncias químicas (produzidas pelos neurônios) em todo o corpo.

Quando estamos assistindo a uma notícia chocante ou recebemos uma mensagem perturbadora, o sistema límbico é estimulado e, novamente, substâncias químicas são liberadas e criam experiências de emoções.

Finalmente, quando estamos tomando decisões importantes, resolvendo problemas ou raciocinando, o neocórtex é acionado.

No entanto, os avanços modernos das pesquisas, por meio de imagem cerebral, mostraram que várias regiões do cérebro estão ativas durante experiências primitivas, emocionais e racionais (Thomas, 2012), diferente do que afirmava MacLean, para quem cada área era ativada de forma individual. Tais descobertas levaram à rejeição da noção de MacLean de um cérebro trino na neurociência, principalmente nas especialidades que estudam a evolução do cérebro dos vertebrados.

Sem dúvida, atualmente, com os recursos tecnológicos existentes, o conceito do cérebro trino pode ser considerado muito simples; entretanto, trata-se de uma maneira útil de avaliar a análise humana da informação sensorial, além da relação entre a estrutura e as funções do cérebro humano. Vamos conhecer mais de perto cada uma dessas estruturas?

1.2.1 A divisão trina do cérebro: complexo reptiliano – tronco cerebral

De acordo com MacLean (1990), a camada mais antiga do cérebro é chamada de *cérebro reptiliano*. É composta pelo tronco cerebral, o qual é formado por medula, ponte, cerebelo, mesencéfalo, globo pálido e bulbos olfativos, estruturas que dominam o cérebro de cobras e lagartos.

Essa camada do cérebro não aprende muito bem com a experiência, mas tende a repetir continuamente os comportamentos instintivos de uma maneira fixa. Em humanos, essa parte do cérebro controla as atividades de sobrevivência.

A expressão *cérebro reptiliano* ou *complexo reptiliano* deriva de uma crença de longa data dentro do campo da neuroanatomia, de que o prosencéfalo dos répteis e de outros pequenos animais era dominado pelas estruturas anteriormente citadas. MacLean (1990) sugeriu, dentro do modelo do cérebro trino, que os gânglios da base e uma série de estruturas circundantes dentro da base do prosencéfalo seriam responsáveis por comportamentos típicos da espécie, que estão presentes quando da ocorrência de agressões, territorialidade e rituais de exibições.

Durante o desenvolvimento do sistema nervoso central no embrião, as três partes principais do cérebro são o prosencéfalo, o mesencéfalo, e o rombencéfalo (Figura 1.3), que controlam a temperatura corporal, as funções reprodutivas, a alimentação, o sono e todas as emoções.

Figura 1.3 – Desenvolvimento do sistema nervoso central

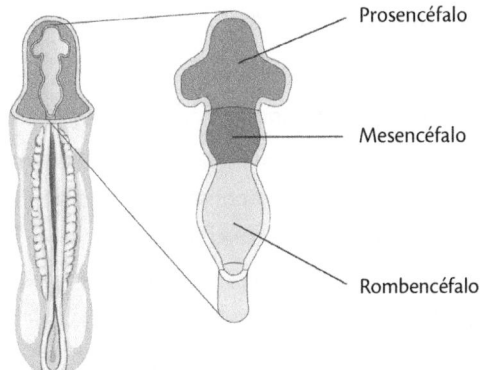

No modelo de cérebro trino, o tronco cerebral é chamado de *cérebro reptiliano* ou *primal*, pois essa estrutura está no controle de nossos padrões de comportamentos inatos e da autopreservação automática, os quais garantem a nossa sobrevivência e a de nossa espécie.

Por exemplo, ele é responsável pelas funções mais básicas de sobrevivência, como frequência cardíaca, respiração, temperatura corporal e orientação no espaço. É desnecessário dizer que funções como frequência cardíaca e respiração são vitais, bem como que os mecanismos de controle nessa parte do cérebro são bastante consistentes.

Além disso, ele está associado a padrões de comportamento que incluem a defesa de si mesmo, da família e da propriedade pessoal, a comunicação física e as ações consideradas aprovadas perante a sociedade, como apertos de mão, acenos com a cabeça e reverências.

É importante reconhecer que as funções dessa parte do cérebro têm precedência sobre outras atividades cerebrais. Por exemplo, se você tentar segurar a respiração (uma atividade pré-frontal iniciada pelo córtex), você verá que, à medida que o dióxido de carbono se acumula em sua corrente sanguínea, essa parte primitiva do seu cérebro vai querer assumir e fazer você respirar novamente. Por meio de treinamento, você pode ser capaz de aumentar sua resistência à vontade básica de respirar, mas, inevitavelmente, você acabará cedendo e tomará um fôlego.

Podemos não estar vivendo no mesmo mundo em que o homem primitivo, mas ainda nos deparamos com situações ameaçadoras e potencialmente perigosas. Nesse sentido, assim como era para o homem primitivo, o tronco cerebral é responsável por nos manter seguros agora. A saúde e o funcionamento dessa região do cérebro determinam em grande parte nossa capacidade de detectar e responder a ameaças (Maclean, 1990).

Em relação à aplicação dessas informações no marketing, sabe-se que, no nível mais básico, o tronco cerebral nos ajuda a identificar coisas familiares e não familiares. Coisas familiares geralmente são vistas como seguras e preferíveis, enquanto coisas estranhas são tratadas com suspeita até que as tenhamos avaliado e analisado o contexto em que elas aparecem (Thomas, 2012). Por esse motivo, *designers*, anunciantes e quaisquer pessoas envolvidas na venda de produtos tendem a usar a familiaridade como meio de promover emoções positivas.

No entanto, a familiaridade depende da geografia e da cultura. Por conta disso, marcas globais devem mostrar compreensão e sensibilidade para com as pessoas de determinado país ou região e sua cultura. Transpor um produto e sua marca relacionada, material promocional etc. para outro país, região ou estado sem alteração pode, muitas vezes, resultar na rejeição do novo público ou, simplesmente, na não demonstração de interesse no produto.

Nesse sentido, *designers* e anunciantes devem aproveitar o poder de fazer coisas novas parecerem familiares, bem como de fazer as coisas já familiares aos consumidores parecerem novas (Nahai, 2017). A reformulação da marca de produtos existentes pode atualizar as visões, atitudes e conexões dos usuários. Uma vez que as coisas parecem familiares, elas são vistas como seguras, e, embora, por causa disso, possamos ter atitudes e conexões positivas com um produto, a reformulação da marca (ou refamiliarização) pode desencadear novas respostas e aumentar a conexão.

Portanto, familiaridade é algo que devemos considerar quando não estamos apenas introduzindo novos produtos, mas também fazendo alterações em produtos, marcas e materiais promocionais existentes.

1.2.2 A divisão trina do cérebro: sistema límbico

A lista das partes componentes do sistema límbico varia conforme o pesquisador consultado – não há um acordo universal sobre em que o sistema límbico realmente consiste! Alguns neurocientistas defendem que não devemos mais falar em *sistema límbico*. Contudo, manteremos o termo como um conceito organizador útil para um conjunto de partes cerebrais subcorticais relacionadas que sustentam nossa vida emocional.

Por vezes referido como *cérebro emocional*, o sistema límbico corresponde à parte reativa de nós que inicia a resposta a uma situação de perigo. Por exemplo: em um contexto que envolva luta ou fuga, a sensação de perigo vai começar no tronco cerebral, mas o sistema límbico iniciará a resposta.

As relações de todas as partes do cérebro são explicadas por Gazzaniga e Heatherton (2005) a partir da regulação, a qual inicialmente é coordenada pelo tronco cerebral e complementada por várias regiões do sistema límbico. Esse sistema, além de participar do estabelecimento dos impulsos e instintos, também tem uma importante função nas emoções e nos sentimentos agradáveis e desagradáveis, provavelmente detectando mudanças que estão ocorrendo nas nossas vísceras. Por exemplo, a sensação de "frio no estômago" ou, ainda, as reações do intestino que ocorrem de acordo com algumas situações vivenciadas.

Para Gazzaniga e Heatherton (2005), as sensações percebidas de mudanças viscerais levariam a pessoa a classificar o evento como ruim ou bom e, em seguida, nomeá-lo. Acredita-se que o sistema límbico contenha redes de circuitos inatos e estáveis, além de outros que poderiam ser modificados mediante a experiência. Por exemplo: quando vemos alguém de quem gostamos e sentimos a sensação de "borboletas no estômago" (Gazzaniga; Heatherton, 2005).

Dentro da nossa realidade de atuação, as áreas que recebem destaque são o hipocampo, a amígdala e o tálamo (Figura 1.4), os quais formam um sistema de avaliação e resposta subconsciente muito rápido e projetado para nos manter seguros.

Figura 1.4 – Sistema límbico

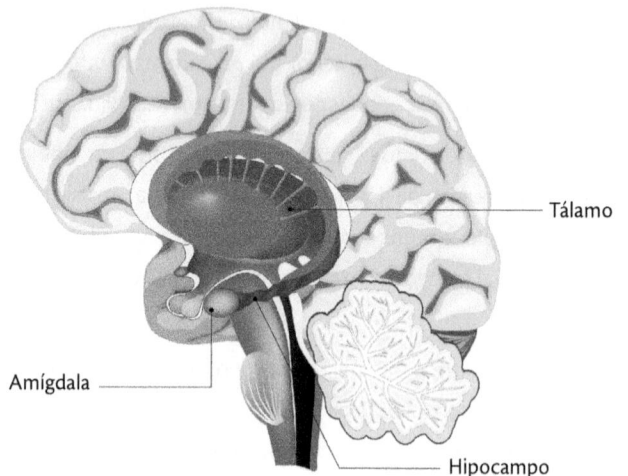

Fonte: Elaborado com base em Anholt; Mackay, 2009.

A amígdala é como um sistema de alerta antecipado, cujo lema de trabalho poderia ser "segurança em primeiro lugar" – coloque esse plano de segurança em prática antes de consultar o cérebro executivo (o neocórtex). Por exemplo, imagine-se pulando do caminho de um objeto parecido com uma cobra antes que um exame mais aprofundado revele que se trata apenas de uma mangueira na grama (Gazzaniga; Heatherton, 2005).

Esse exemplo traz uma primeira resposta muito importante. Por exemplo, se o córtex pré-frontal precisasse decidir por um salto para fora do caminho de um ônibus que está prestes a atropelá-lo, poderia ser tarde demais, uma vez que o sistema de avaliação do córtex é muito lento.

Gazzaniga e Heatherton (2005) destacam que a amígdala faz avaliações muito rápidas, embora nem sempre precisas. As informações têm um caminho rápido desde o tálamo (onde são recebidas) até o hipotálamo, que pode iniciar uma resposta de estresse a uma situação, por exemplo, de perigo iminente. Já o hipocampo desempenha um papel igualmente importante, codificando eventos no tempo e no espaço e consolidando-os nas memórias de curto e longo prazo.

Ainda, o sistema límbico tem um papel fundamental nas nossas emoções. Vemos os efeitos desse sistema em nossa experiência consciente na valência agregada – valor ou sentimento, positivo ou negativo, originado por nossas percepções das imagens e por pensamentos específicos.

Vamos utilizar um exemplo de comida para explicar essa relação: examine a imagem do prato de uma comida típica brasileira, a dobradinha, na Figura 1.5, a seguir.

Figura 1.5 – Dobradinha

Se você gostar de bucho de boi, a imagem do prato vai trazer uma sensação boa, e se você estiver com fome, é bem provável que sua boca comece a salivar (aquele processo de salivação "boa"). Agora, se você não gostar do prato, pode ocorrer um sentimento de repulsa, que pode incluir ânsia de vomito, sensação de queimação no estômago, processo de salivação excessiva ("ruim") que antecede o vômito, entre outras possibilidades.

Compartilhamos essa parte do nosso cérebro com outros mamíferos. As respostas emocionais dos mamíferos prototípicos[4] são facilmente reconhecíveis em nossos animais de estimação, especialmente naqueles com os quais mantemos constante interação, como cães e gatos (Diamond, 2013).

Em termos da adaptação do sistema límbico, podemos dizer que ele contém vários sistemas distintos evoluídos para responder às pressões evolutivas dos mamíferos, como perigo, necessidades reprodutivas e de nutrição e aquisição de alimento.

Por exemplo, a amígdala e o hipotálamo cooperam em um sistema de alerta precoce, automaticamente iniciando manobras de sobrevivência quando a pessoa é confrontada com estímulos semelhantes aos encontrados em situações de perigo (Maclean, 1990). No entanto, o processamento do estímulo da amígdala tem baixa resolução de detalhes em comparação com as áreas sensoriais do córtex cerebral.

Seguindo o condicionamento da história evolutiva, o sistema límbico prefere prevenir do que remediar. Então, como já comentamos, por vezes nos vemos pulando quando encontramos uma espiral longa e escura na grama, para apenas depois descobrimos que se trata de uma mangueira de jardim (Figura 1.6), e não de uma cobra.

---

[4] Os mamíferos prototípicos possuem características ou particularidades similares (Maclean, 1990).

Figura 1.6 – Mangueira ou cobra?

Utilizando o exemplo da "cobra" no jardim, que, na realidade, é uma mangueira, em nossa experiência consciente, encontramo-nos agindo sem iniciação voluntária sob a influência da amígdala. Momentos depois, nossos egos racionais ficam constrangidos com o comportamento aparentemente tolo.

Podemos facilmente encontrar outros exemplos parecidos com o da mangueira no jardim, os quais também correspondem à interação do sistema límbico em nosso comportamento diário. Por exemplo: você já se deparou procurando desesperadamente alguma coisa e, quando percebeu, o objeto estava em sua mão (caneta, celular, chaves) ou até mesmo no seu rosto (quem usa óculos sabe do que estamos falando), não é mesmo?

1.2.3 A divisão trina do cérebro: neocórtex

O neocórtex é o nosso cérebro "inteligente". De acordo com MacLean (1990), corresponde à parte executiva do nosso sistema e é responsável por toda a atividade consciente de alta ordem, como linguagem, pensamento abstrato, imaginação e criatividade, para citar apenas alguns. Também abriga grande parte da nossa memória não apenas biográfica, mas todas as memórias automáticas essenciais para falar, escrever, andar, tocar um instrumento musical e realizar inúmeras outras atividades familiares.

De acordo com Diamond (2013), o neocórtex (Figura 1.7) compõe a maior parte do cérebro, pois representa toda a massa cinzenta cerebral formada por camadas de células.

Figura 1.7 – Neocórtex

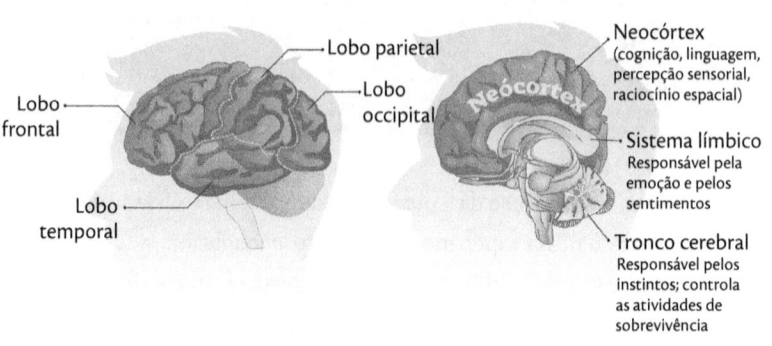

Lobo frontal
Lobo parietal
Lobo occipital
Lobo temporal

Neocórtex (cognição, linguagem, percepção sensorial, raciocínio espacial)

Sistema límbico
Responsável pela emoção e pelos sentimentos

Tronco cerebral
Responsável pelos instintos; controla as atividades de sobrevivência

VectorMine/Shutterstock

Cada camada ou lobo cerebral possui diferentes funções, que estão descritas de forma resumida no Quadro 1.1.

Quadro 1.1 – Camadas do neocórtex e suas funções

Camada	Funções
Lobo temporal	Relacionado primariamente com o sentido de audição. Tem também um papel no processamento da memória e da emoção.
Lobo frontal	Pensamento abstrato, tomada de decisão.
Lobo parietal	Responsável principalmente por receber sensações de toque, calor, frio, pressão e dor e por coordenar o equilíbrio. Também está relacionado com a lógica matemática.
Lobo occipital	Responsável pela visão. Danos nessa área promovem cegueira total ou parcial.

Fonte: Elaborado com base em Diamond, 2013.

O neocórtex, conforme MacLean (1990), consiste na cobertura enrugada dos hemisférios cerebrais, bem como de algumas estruturas subcorticais[5], como os gânglios da base. Ele se multiplicou em primatas não humanos e em humanos – mas não em outros mamíferos. Em humanos, o neocórtex é o lar de nossas complexas habilidades cognitivas[6], linguísticas, motoras, sensoriais e sociais.

O neocórtex nos dá flexibilidade e criatividade consideráveis quando da adaptação a um ambiente mutável. O córtex funciona para socializar e controlar a expressão de emoções que se originam no sistema límbico. A avaliação da função cortical das situações também é necessária para um repertório emocional com mais nuances do que é possível com base no funcionamento apenas do sistema límbico.

O tempo de resposta às informações do neocórtex é mais lento que as recebidas pelo sistema límbico, mas ele é muito mais sofisticado em seu processamento. Esse pensamento "lento" é a marca da nossa inteligência humana.

Um pensamento complexo e novo sobre planos técnicos, emocionais, sociais e lógicos acontece no neocórtex. É onde podemos ser racionais e lógicos, criativos e inventivos. Mas, significativamente, o neocórtex pode ser "sequestrado" pelo sistema límbico no caso de uma ameaça percebida, seja ela imaginada, seja ela real (lembra do caso de a mangueira no jardim parecer uma cobra?)

MacLean (1990) destaca que a evolução do neocórtex em mamíferos é considerada um avanço fundamental que possibilitou uma função cognitiva superior. No entanto, os neocórtex de diferentes espécies

---

5   Formações neurais localizadas no interior do cérebro (Maclean, 1990).

6   "Relativo à cognição, ao conhecimento (ex.: *desenvolvimento cognitivo; competências cognitivas*)" (Cognitivo, 2020, grifo do original).

de mamíferos variam amplamente em forma, tamanho e número de neurônios.

Tenha em mente que a divisão do cérebro em três grandes partes é uma concepção altamente simplificada: na prática, a funcionalidade e a conectividade entre todas essas regiões vai muito além do exposto.

1.2.4 Sobre o cérebro

O conceito de cérebro trino parte do princípio de três estruturas, que são frequentemente relacionadas a três "cérebros" separados (Figura 1.8).

Figura 1.8 – Cérebro trino

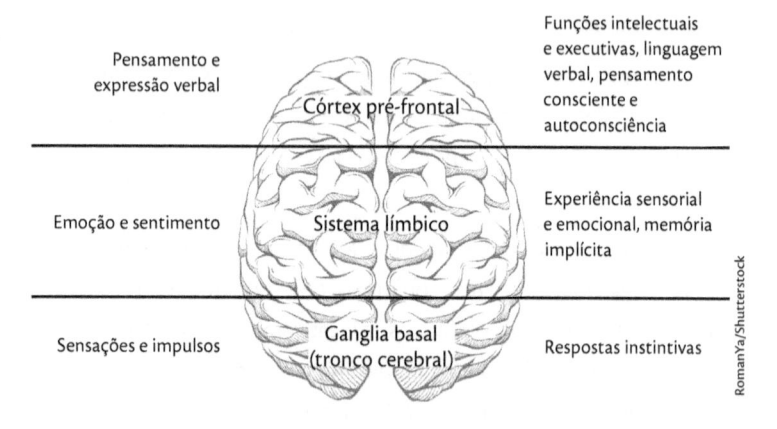

Pensamento e expressão verbal	Córtex pré-frontal	Funções intelectuais e executivas, linguagem verbal, pensamento consciente e autoconsciência
Emoção e sentimento	Sistema límbico	Experiência sensorial e emocional, memória implícita
Sensações e impulsos	Gânglia basal (tronco cerebral)	Respostas instintivas

Fonte: Elaborado com base em MacLean, 1990.

MacLean (1990) e seus seguidores defendiam que as três principais estruturas cerebrais se desenvolveram sequencialmente.

I. Gânglios basais, que são encontrados no centro do cérebro humano e foram "adquiridos".
II. Sistema límbico, que consiste em várias estruturas cerebrais componentes, como a amígdala e o hipocampo.

III. Neocórtex, o qual é implicado no pensamento consciente, bem como na linguagem e no raciocínio.

Fazendo uma analogia com as estruturas propostas por MacLean (1990), cada grupo se configura como responsável por um grupo específico de atividades mentais:

- Gânglios basais: Tem relação com a resposta à sobrevivência e a outras atividades primitivas.
- Sistema límbico: Relacionado às emoções.
- Neocórtex: Tem relação com o pensamento racional.

Isso ocorreu devido à (agora redundante) crença de que tais estruturas operam de forma independente; no entanto, já se comprovou que elas estão simultaneamente ativas em todas as circunstâncias.

Síntese

Iniciamos este capítulo abordando o surgimento do neuromarketing, que só ocorreu devido à neurociência e a seus constantes avanços. Relacionamos o surgimento do marketing e do neuromakerting e estabelecemos as diferenças entre os conceitos e as ações que são complementares.

Também, vimos que a neurociência ofereceu muitos *insights* importantes sobre a estrutura e a função do cérebro humano. Um dos modelos mais conhecidos do funcionamento da estrutura cerebral é o desenvolvido pelo neurocientista Paul D. MacLean, denominado *modelo do cérebro trino*, o qual se baseia em três estruturas dominantes no cérebro humano. MacLean (1990) sugeriu que tais estruturas se desenvolveram com a evolução humana.

No entanto, sabemos que não há uma divisão tão pura; em vez disso, atividades mentais primitivas, emocionais e racionais são produtos da atividade neural em mais de uma das três regiões abordadas no modelo de MacLean, e essa energia coletiva cria experiência humana. Entretanto, esse modelo fornece uma visão clara da atividade mental, o que pode ser benéfico ao atender às necessidades dos usuários em nossos projetos.

Questões para revisão

1. O neuromarketing teve origem na Holanda, na Erasmus University, em Rotterdam, e o termo foi proposto pelo professor de marketing Ale Smidts. Um dos conceitos que embasa o entendimento cerebral na área é o do cérebro trino, proposto por Paul MacLean. Com o avanço da neurociência, sabemos que não existe essa divisão pura. Nesse sentido, faça a associação correta entre os termos propostos por MacLean e seus respectivos correspondentes.

I. Sistema reptiliano
II. Cérebro emocional
III. Cérebro racional

( ) Sistema límbico
( ) Neocórtex
( ) Tronco cerebral

A seguir, indique a alternativa que apresenta a sequência correta:

a. I, II, III.
b. II, III, I.
c. III, II, I.
d. II, I, III.
e. I, III, II.

2. O marketing como disciplina é relativamente novo. Sobre suas origens, leia as assertivas que seguem e marque V para as verdadeiras e F para as falsas:

( ) Até o final do século XIX, não existiam industriais, tampouco *shoppings* ou lojas.
( ) No início do surgimento das indústrias, as empresas eram muito preocupadas com os clientes e seus desejos.
( ) Podemos afirmar que, embora o marketing seja uma disciplina nova, sua prática é bem antiga.

A seguir, assinale a alternativa que apresenta a sequência correta:

a. V, V, V.
b. V, F, V.
c. F, V, F.
d. V, V, F.
e. F, F, V.

3. No modelo de cérebro trino, o tronco cerebral é chamado de *cérebro reptiliano* ou *primal*, pois essa estrutura está no controle de nossos padrões de comportamentos inatos e da autopreservação automática, os quais garantem a nossa sobrevivência e a de nossa espécie. Nessa ótica, é correto afirmar que ele é responsável

   a. pelo pensamento racional.
   b. pelas respostas às emoções.
   c. pela linguagem.
   d. pelas funções mais básicas de sobrevivência.
   e. pela imaginação.

4. O neuromarketing é uma ciência recente, pois surgiu no final dos anos 1990 e começo dos anos 2000. Qual foi a primeira empresa a utilizar o neuromarketing?

5. Em que momento o marketing e a neurociência se uniram?

Questões para reflexão

1. Neste capítulo, você aprendeu que o marketing tem como função influenciar as pessoas a gostar de coisas e comprá-las, e que o neuromarketing pode ajudar nesse processo. Sob essa perspectiva, de que forma os profissionais dessa área podem agir de forma ética?

Para saber mais

Leia o artigo indicado, no qual os autores apresentam conceitos e definições provenientes da aplicação da neurociência no marketing.

ALMEIDA, C. F. C. de; ARRUDA, D. M. de O. O neuromarketing e a neurociência do comportamento do consumidor: o futuro por meio da convergência de conhecimentos. Ciências & Cognição, v. 19, n. 2, p. 278-297, 2014. Disponível em: <https://www.cienciasecognicao.org/revista/index.php/cec/article/view/909>. Acesso em: 22 set. 2021.

Vivian Ariane Barausse de Moura

02 Decifrando alguns aspectos do ser humano

● Conteúdos do capítulo:
- Como se manifestam as emoções.
- O funcionamento das nossas memórias.
- A genética e sua influência no fator de comportamento.
- Como a memética está presente no cotidiano.

● Após o estudo deste capítulo, você será capaz de:
1. compreender que as emoções influenciam todos os aspectos da nossa vida.
2. indicar os aspectos referentes à memória e a relação desta com o processamento da informação;
3. distinguir as memórias de curto e longo prazo;
4. estabelecer de que forma a genética pode influenciar o comportamento;
5. perceber a influência da memética no nosso cotidiano.

2.1 Emoções

Antes de falarmos sobre as emoções, convidamos você a fazer uma reflexão:

Como as pessoas tomam decisões?

Apesar de termos um tópico específico sobre o processo de tomada de decisão, vamos adiantar um pouco a temática e pensar no que leva as pessoas a tomarem as decisões de compra, o que nos leva a outro questionamento:

As decisões dos seus clientes são motivadas pela emoção ou pela razão?

Você pode responder: *Se nem eu sei como tomo as minhas decisões, como vou responder sobre as demais pessoas?* Esses questionamentos podem remeter ao famoso enigma: O que veio primeiro, o ovo ou a galinha?

Então, vamos partir de outra perspectiva: você está prestes a comprar um novo liquidificador. O que você tem foi adquirido há apenas um ano, mas já deixou de funcionar duas vezes. A empresa de manutenção culpa a qualidade do produto. Eles sempre recebem ligações sobre esses modelos, mas a linha de atendimento ao cliente não ajuda em nada. Você sabe que precisa apenas comprar um novo liquidificador.

Você não quer cometer o mesmo erro duas vezes; então, começa a fazer algumas pesquisas de mercado e a consultar análises de produtos *on-line*. Você pede à empresa de manutenção sugestões sobre marcas e modelos de liquidificadores. Lê e pesquisa sobre os recursos e benefícios de cada modelo para compará-los. Depois de consultar cuidadosamente essas fontes, você finalmente toma uma decisão. Agora, com base nesse exemplo, responda:

> Esse é um exemplo de um processo de tomada de decisão emocional ou racional?

Mesmo com um processo de tomada de decisão prolongado e aparentemente racional, você está, na verdade, altamente motivado por suas emoções, pois o medo de comprar outro eletrodoméstico de baixa qualidade motivou não apenas a decisão de comprar, mas também a consideração consciente das diferentes opções.

Os cientistas costumavam acreditar que sempre tomamos decisões por meio da razão; as emoções apenas interrompiam esse processo cognitivo. Na escola de pensamento originada de antigos filósofos como Platão, a emoção era o oposto da razão. Mas, na década de 1990, descobertas em psicologia cognitiva, antropologia, biologia evolutiva e neurologia começaram a desafiar essa suposição.

Os pesquisadores perceberam que emoção e razão são sistemas integrados, em vez de estados separados, bem como que as emoções podem induzir uma ação antes que o sujeito seja capaz de processar cognitivamente algo.

Hill (2009) defende que a forma como as pessoas expressam a emoção está relacionada à cultura da qual elas fazem parte ou em que estão inseridas. Além disso, é importante levar em consideração o momento histórico em que elas estão vivendo ou viveram, pois a expressão de emoções está relacionada, de acordo com Hill (2009, p. 67), "aos aspectos sociais, culturais, religiosos e econômicos", os quais "influenciam de alguma forma como a manifestação das mesmas pode acontecer".

Segundo a análise transacional proposta por Berne (1988), as emoções de uma pessoa recebem a classificação de *autênticas* ou *de disfarce* e podem ser consideradas positivas ou negativas. As emoções autênticas são aquelas que ocorrem de forma espontânea. Conforme exposto por Berne (1988, p. 45), nessa categoria estão "o amor, a raiva, a tristeza, o medo e a alegria".

Muitas vezes, as pessoas expressam as emoções sem perceber. Por exemplo: quando se lê uma mensagem recebida pelo celular, se essa mensagem é boa, a pessoa esboça um sorriso, caso contrário, se for ruim ou não positiva, a pessoa ficará apreensiva – naturalmente, as expressões se modificam. Na maioria das vezes, tais reações podem ser classificadas como involuntárias e passam despercebidas pela pessoa que as produz (Hill, 2009). Já as emoções de disfarce "são usadas para disfarçar ou camuflar uma determinada emoção, utilizadas no lugar de outra emoção que não foi aceita anteriormente ou até foram condenadas em outra situação" (Hill, 2009, p. 47).

Um nó na garganta, rir tanto que sua barriga dói, a sensação de que você é a única pessoa no planeta... Todos esses são exemplos de sentimentos que você já experimentou pelo menos uma vez na vida. São exemplos de emoções, isto é, reações em relação a um objeto, indivíduo ou ambiente que impulsionam nosso comportamento subsequente.

Agora, leia a frase a seguir:

> "As evidências levaram a uma mudança do pensamento de um processo de tomada de decisão racional para um emocional" (Ledoux, 1996, p. 27, tradução nossa).

Em outras palavras, muitos cientistas e pesquisadores agora acreditam que as emoções impulsionam as ações. E, embora isso possa não ser novidade para você, inúmeros profissionais de marketing ainda não estão capitalizando essa percepção.

O neurocientista Joseph LeDoux (1996, p. 43, tradução nossa) explica que "a fiação do cérebro neste ponto de nossa história evolutiva é tal que as conexões dos sistemas emocionais aos sistemas cognitivos são mais fortes do que as conexões dos sistemas cognitivos aos sistemas emocionais".

LeDoux está sugerindo que nossas ondas cerebrais fluem do cérebro antigo (antepassados) para o novo. Isso significa que nossos processos de tomada de decisão são muito menos racionais do que todos gostaríamos de acreditar.

Além disso, as emoções acontecem antes do pensamento e de forma muito mais rápida, o que nos leva a ter reações instintivas em três segundos ou menos. Na realidade, de acordo com Hill (2009, p. 54):

> De fato, as emoções processam a entrada sensorial em apenas um quinto do tempo que nosso cérebro consciente e cognitivo leva para assimilar a mesma entrada. O processamento emocional rápido também acontece com o impacto em cascata. Nossa reação emocional a um estímulo ressoa mais alto em nosso cérebro do que nossa resposta racional, desencadeando a ação a seguir.

As diversas representações das nossas emoções não se enquadram nas emoções básicas de felicidade, tristeza, medo, surpresa e raiva. A irritação pode ser agrupada em raiva e a animação pode ser considerada felicidade, mas as definições não são exatamente as mesmas.

Isso ocorre porque, como defendeu Plutchik (1980), as emoções podem ser relacionadas às cores e a suas infinitas variações. Existem alguns conceitos definidos, mas, na maior parte, as emoções existem em um espectro. Uma pequena mudança nesse espectro pode levar a um tipo diferente de felicidade, de tristeza e de raiva – assim como, por exemplo, a cor verde tem tons infinitos.

A roda das emoções, de Robert Plutchik, ilustra alguns desses espectros emocionais usando cores (Figura 2.1).

Decifrando alguns aspectos do ser humano

Figura 2.1 – Roda das emoções

Modelo curvo em duas dimensões

Modelo curvo em três dimensões

VASRAN/Shutterstock

Fonte: Plutchik, citado por Magalhães, 2015, p. 14.

Você já deve ter ouvido as expressões *vermelho de raiva* ou *roxo de inveja*. Agora elas fazem sentido?

É necessário entender todas essas nuances, pois é importante saber exatamente qual emoção você quer incluir em suas estratégias de marketing. Dependendo do seu produto, setor e público-alvo, nem sempre você pode almejar a felicidade geral.

Assim como acontece com seus objetivos de marketing, você deve cavar fundo e definir com precisão que sentimento pretende provocar. Isso influenciará os detalhes de suas estratégias, como mídia, escolhas gráficas, entre tantos outros, e o auxiliará a ser o mais eficaz possível.

2.2 Memórias

Você consegue se lembrar do que você fez ontem?

- O que você comeu no almoço?
- O que você assistiu na televisão por último à noite?

É difícil imaginar a vida sem memórias, pois sem elas seriamos incapazes de lembrar, e a vida seria uma série de eventos fragmentados e não conectados. Você provavelmente pode se lembrar de quando conheceu seu melhor amigo ou amiga. Provavelmente vocês disseram seus nomes e no encontro posterior você pode ter se lembrado do nome dele(a) ou não. Mas como você se lembra?

O processamento da memória é descrito em três estágios, conforme consta na Figura 2.2, a seguir.

Figura 2.2 – Processamento da memória

1 – Codificação	2 – Armazenamento	3 – Recuperação
Colocar na memória	Manter na memória	Recuperar da memória

No estágio 1, quando seu amigo lhe disse o seu nome, você transformou o som do nome e codificou a representação na memória. No estágio 2, o nome dele codificado foi armazenado na sua memória até a próxima vez em que vocês entraram em contato. E no estágio 3, você recuperou o nome dele da sua memória.

Mas, e quando você não lembra o nome? As teorias da memória sugerem que o esquecimento é o resultado de uma falha em qualquer um desses três estágios. Se você não prestou atenção quando seu amigo disse o nome dele, pode ser que o nome não tenha sido codificado na sua memória. Talvez você tivesse muitos novos nomes para aprender e, por isso, o nome do seu amigo não foi salvo na sua memória. Assim, é possível que, embora o nome tenha sido armazenado na sua memória, por algum motivo ele não pôde ser recuperado.

Ainda, a memória pode ser dividida em de curto e longo prazo. Vamos aprender mais sobre cada um desses tipos.

2.2.1 Memória de curto prazo

A memória de curto prazo também pode ser encontrada na literatura com a nominação de *memória operacional* ou *memória de trabalho*. A função da memória de curto prazo é determinar o contexto em que os fatos acontecem e selecioná-los. Ela também tem a responsabilidade de manter disponível a informação que está sendo processada no momento – durante alguns segundos, no máximo, poucos minutos. A esse respeito, de acordo com Izquierdo (2011, p. 128):

> A memória de trabalho corresponde à informação ativada nas memórias de longo prazo, à informação nas memórias de curto prazo e aos processos de decisão que determinam quais informações são ativadas nas memórias de longo prazo e retidas nas memórias de curto prazo. Esse tipo de sistema de memória de trabalho é necessário numa ampla gama de

tarefas, tais como a resolução mental de problemas aritméticos, a leitura, a solução de problemas e o raciocínio em geral.

Assim, a memória de curto prazo se refere à informação sobre a qual estamos cientes ou pensando. Além disso:

- ela é muito breve – quando as memórias de curto prazo não são ensaiadas ou ativamente mantidas, elas duram meros segundos.
- é limitada – é comumente sugerido que a memória de curto prazo pode conter sete elementos, com uma variação de dois itens a mais ou a menos.

Essa memória mantém a maior parte das informações, as quais são armazenadas por cerca de 20 a 30 segundos, bem como podem durar apenas alguns segundos ou até um minuto. A maioria das informações decai espontaneamente.

Um rápido exemplo para entender o funcionamento da memória de curto prazo: imagine que você está tentando se lembrar de um número de telefone, uma outra pessoa fala o número e você faz uma anotação mental rápida; porém, momentos depois, você nota que esqueceu o número. Sem fazer uma estratégia de memorização, as informações são perdidas na memória de curto prazo, a exemplo do número de telefone. Se você fizer um ensaio e repetir os dígitos, talvez consiga registrá-lo na memória.

Logo, para aumentar a duração das memórias de curto prazo, você pode utilizar estratégias de ensaio, como dizer a informação em voz alta ou repeti-la mentalmente.

Outra questão importante é que as informações retidas na memória de curto prazo são altamente suscetíveis a interferências, pois qualquer dado que entre na memória de curto prazo vai deslocar as informações antigas.

Alguns fatores do ambiente também podem interferir nas memórias de curto prazo, embora muitas delas sejam esquecidas rapidamente. Portanto, prestar atenção a essas informações permite que elas continuem para o próximo estágio – que é a memória de longo prazo.

2.2.2 Memória de longo prazo

A memória de *longo prazo* recebe essa nominação devido à sua capacidade de armazenar informações por longos períodos de tempo: horas, meses, anos e décadas. Um exemplo proposto por Izquierdo (2011, p. 78) são as memórias de infância, "que podem ser acionadas a partir de diferentes mecanismos, lembranças que não são relacionadas há décadas podem ser evocadas de acordo com a vontade ou devido a fatores externos, como cheiros, a música, uma sensação".

Nossa identidade está diretamente relacionada à memória de longo prazo, pois ela afeta nossa maneira de ser e estar no mundo, influenciando o nosso modo de vida. Ela é a responsável pelo armazenamento de informações, assim como pelo seu esquecimento. Com base em Izquierdo (2011), listamos alguns itens importantes sobre a memória de longo prazo:

- As memórias de longo prazo geralmente estão fora da mente consciente. Essa informação está amplamente fora de nossa consciência, mas pode ser chamada para a memória de trabalho para ser usada quando necessário. Algumas memórias são relativamente fáceis de lembrar, enquanto outras são muito mais difíceis de acessar.
- Nem todas as memórias de longo prazo são criadas da mesma forma. Enquanto algumas vêm à mente rapidamente, outras são mais fracas e podem exigir avisos ou lembretes para serem focadas. Informações de maior relevância levam a um *recall* (lembrança) mais forte. Normalmente, você pode se lembrar de eventos importantes, como o dia do casamento, com muito mais clareza e detalhes do que dias menos memoráveis.

- As memórias que são acessadas com frequência se tornam mais fortes e fáceis de lembrar. Acessá-las continuamente fortalece as redes neurais nas quais as informações são codificadas, facilitando a coleta das informações. Por seu turno, as memórias que não são lembradas com frequência por vezes podem enfraquecer ou até mesmo serem perdidas ou substituídas por outras informações.

Ainda de acordo com Izquierdo (2011, p. 81), a memória de longo prazo geralmente é dividida em dois tipos: explícita e implícita.

> As memórias explícitas, também conhecidas como memórias declarativas, incluem todas as memórias que estão disponíveis na consciência. A memória explícita pode ser subdividida em memória episódica (eventos específicos) e memória semântica (conhecimento sobre o mundo).
>
> As memórias implícitas são aquelas que são principalmente inconscientes. Esse tipo de memória inclui a memória procedural, que envolve memórias do movimento do corpo e de como usar os objetos no ambiente. Como dirigir um carro ou usar um computador são exemplos de memórias procedurais. (Izquierdo, 2011, p. 81, grifo nosso)

Em relação ao processamento da informação, observe como ele ocorre na Figura 2.3.

Figura 2.3 – Processamento de informação

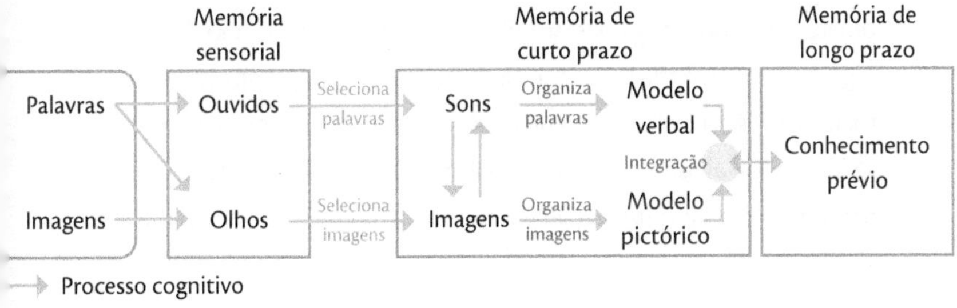

	Memória sensorial		Memória de curto prazo			Memória de longo prazo
Palavras	Ouvidos	Seleciona palavras	Sons	Organiza palavras	Modelo verbal	Conhecimento prévio
				Integração		
Imagens	Olhos	Seleciona imagens	Imagens	Organiza imagens	Modelo pictórico	

→ Processo cognitivo

Fonte: Elaborado com base em Mayer, 2003.

Conforme podemos acompanhar na figura, a memória de curto prazo é acionada pela memória sensorial, o que pode ocorrer por meio de palavras, imagens, sensações, cores ou cheiros. Assim, a memória de curto prazo é transmitida a partir de algum gatilho e passa adiante para processar o significado. Ela também tem vida curta (dura menos de um minuto), mas pode ser mantida por repetição. Há um número finito de informações que podem ser armazenadas na memória de curto prazo a qualquer momento.

Já a memória de longo prazo consiste em informações que foram ensaiadas na memória de curto prazo e transmitidas na sequência. Ela é armazenada por um longo tempo e pode ser recuperada conforme necessário. A capacidade da memória de longo prazo é considerada ilimitada.

E por que as informações sobre a memória são importantes para o marketing? Como explicaremos, a memória é importante principalmente na fase de busca de informações do processo de tomada de decisões. Mas os seus conceitos são importantes por conta das chamadas *redes associativas*, as quais contêm informações que foram convertidas em memórias de longo prazo. É aqui que os profissionais de marketing desejam que suas marcas fiquem, com sorte, conectadas a uma grande variedade de nós positivos de informações relacionadas.

Nesse processo de memória, existem várias funções-chave, relacionadas a várias etapas, que, de acordo com cientistas, ajudam-nos a lembrar melhor as informações e a tornar mais provável que o cérebro converta memórias fugazes de curto prazo em memórias duradouras de longo prazo. Contudo, como destaca Hill (2009), as empresas não devem carregar suas campanhas com muitas informações. A sugestão é manter a mensagem simples e facilmente fragmentável. É melhor que o público se lembre de algumas coisas sobre a marca em vez de se esforçar para manipular muitas informações e esquecer a mensagem principal. Assim, manter a mensagem simples torna mais provável que a empresa termine por ocupar um espaço na memória de longo prazo do público.

2.3 Genética como fator de comportamento

Agora, vamos mergulhar um pouco no mundo da genética e suas particularidades, começando por sua definição. De acordo com Anholt e Mackay (2009), a genética do comportamento, também conhecida como *psicogenética*, corresponde ao estudo da influência da composição genética de um organismo em seu comportamento, ou seja, à influência que a hereditariedade e o ambiente podem exercer sobre o comportamento do indivíduo.

A relação entre comportamento e genética, ou hereditariedade, data do trabalho do cientista inglês Sir Francis Galton, que cunhou a expressão *natureza e criação*. Galton estudou as famílias de homens notáveis de sua época e concluiu, assim como seu primo Charles Darwin, as influências que existem nas famílias.

Galton foi o primeiro a usar gêmeos na pesquisa genética e também pioneiro em muitos dos métodos estatísticos de análise que são atualmente usados. Em 1918, o estatístico e geneticista britânico Ronald Aylmer Fisher publicou um artigo que mostrou como as leis de herança de Gregor Mendel se aplicavam a características complexas influenciadas por múltiplos genes e fatores ambientais – você se lembra das aulas de Biologia em que tinha de analisar o que é dominante e recessivo?

Conforme apresentam Aragão e Moreira (2017), para demonstrar os mecanismos de hereditariedade, Mendel realizou alguns experimentos com ervilhas (Figura 2.4). As ervilhas realizam autofecundação, possuem um ciclo de vida curto, são cultivadas facilmente e também produzem um grande número de descendentes. Além disso, as características das ervilhas são simples de observar, como a cor e a forma da semente.

Figura 2.4 – As ervilhas de Mendel

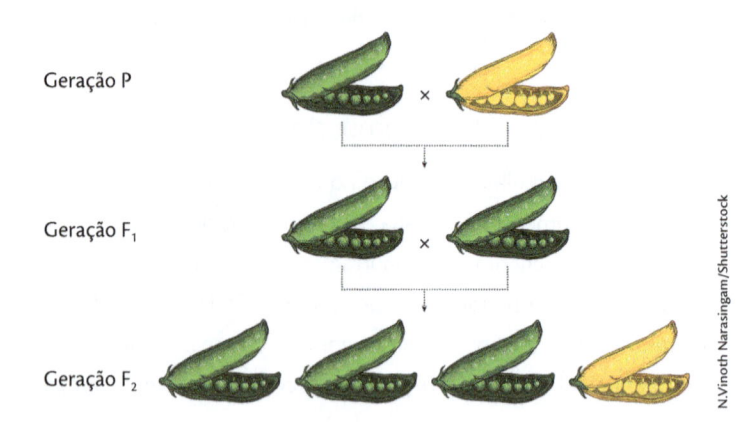

Geração P

Geração F₁

Geração F₂

As características analisadas por Mendel foram sete: textura da semente; cor da semente; cor do tegumento; forma das vagens; cor das vagens; posição das flores; e altura das plantas. Foi a partir das suas pesquisas que se originou a primeira lei de Mendel, chamada também de *herança mendeliana* ou *mendelismo*, "que corresponde ao conjunto de princípios relacionados à transmissão hereditária das características de um organismo a seus filhos" (Aragão; Moreira, 2017, p. 67).

Dessas experiências e pesquisas surgiram os métodos genéticos quantitativos, usados para estimar o efeito de fatores genéticos e ambientais nas diferenças individuais em qualquer característica complexa, incluindo características comportamentais. Além disso, métodos de genética molecular são usados para identificar genes específicos responsáveis pela influência genética.

A pesquisa é realizada em animais e humanos; no entanto, estudos usando modelos animais tendem a fornecer dados mais precisos do que estudos em humanos, isso porque os genes e o ambiente podem ser manipulados e controlados em laboratório.

Nesse sentido, algumas pesquisas possuem bases sólidas e amplamente difundidas, o que nos leva ao que é considerada a primeira "lei" da genética comportamental, em que os traços psicológicos apontam que a influência genética pode ser significativa e substancial.

Segundo Plomin e Simpson (2013), os domínios psicológicos que tradicionalmente se concentram nas diferenças individuais são aqueles que foram mais estudados pelos pesquisadores, principalmente por meio do método dos gêmeos, que compara a semelhança em gêmeos e fraternos (irmãos) e revela influência em habilidades cognitivas, deficiências, psicopatologias, personalidade, uso e abuso de substâncias, questões psicológicas e na saúde.

Outro fator extremamente importante é que nenhuma característica é 100% hereditária. Conforme exposto por Anholt e Mackay (2009, p. 82, tradução nossa), "embora as estimativas de herdabilidade sejam significativamente maiores que 0%, elas também são significativamente menores que 100%. As herdabilidades são substanciais, normalmente 30%-50%, mas isso está muito longe de 100%".

Como destacam os autores,

> a herdabilidade é causada por muitos genes de pequeno efeito[1], com base em estudos genéticos baseados em famílias, principalmente os estudos de gêmeos e de adoção. Embora o modelo genético quantitativo subjacente a esses métodos presuma que muitos genes afetam características complexas e distúrbios comuns, esses métodos não podem estimar quantos genes estão envolvidos na herdabilidade ou na distribuição dos seus efeitos. (Anholt; Mackay, 2009, p. 83, tradução nossa)

---

[1] Fundamentada no fato de que uma característica é influenciada por um grande número de genes, cada qual com um pequeno efeito no fenótipo (Anholt; Mackay, 2009).

Isso ocorre porque a maioria dos efeitos ambientais não é compartilhada por crianças que crescem na mesma família, conforme afirmam Plomin e Simpson (2013). Assim, é razoável pensar que crescer na mesma família torna irmãos e irmãs psicologicamente semelhantes – o que os teóricos do desenvolvimento, de Freud em diante, presumiram.

O ditado "temos cinco dedos na mão e nenhum dedo é igual" é geralmente associado às distinções entre pessoas, geralmente irmãos, que crescem no mesmo ambiente, com as mesmas regras e ensinamentos e, mesmo assim, costumam ser muito diferentes!

Em relação às dimensões e aos distúrbios comportamentais, é a genética que explica a semelhança entre os irmãos. Os efeitos ambientais podem ter um grande impacto, mas as influências ambientais salientes não tornam semelhantes os irmãos que crescem na mesma família. Nesse sentido, as experiências relevantes são específicas para cada criança na família e impactam a vida de cada um de forma diferente.

Agora você pode estar se perguntando: Mas o que a genética tem a ver com o marketing?

Como já comprovado por diversas pesquisas, a genética tem influência sobre o comportamento dos indivíduos, e a nossa base em neuromarketing é explorar a forma pela qual o consumirdor se comporta de forma geral.

Todos os aspectos de nossas vidas giram em torno do consumo de bens e serviços. Nessa ótica, o campo do comportamento do consumidor abrange uma ampla extensão de bases, uma vez que se concentra em todo o processo de consumo, envolvendo questões que influenciam um consumidor antes, durante e depois de uma compra.

Vamos pensar em uma aplicação prática: o marketing é muito mais do que criar uma frase cativante ou um *jingle* que as pessoas vão cantar por dias. Compreender o comportamento do consumidor é um aspecto vital dessa área.

O comportamento do consumidor, conforme destaca Hill (2009, p. 101), corresponde ao "estudo de como as pessoas tomam decisões sobre o que compram, querem, precisam ou agem em relação a um produto, serviço ou empresa". Logo, é fundamental conhecer esse comportamento para desenvolver noções de como os clientes em potencial vão responder a um novo produto ou serviço, além de auxiliar as empresas a identificar oportunidades que não são atendidas atualmente.

Um exemplo recente de mudança no comportamento do consumidor está nos hábitos alimentares. Por exemplo, a doença celíaca, ou enteropatia por sensibilidade ao glúten, é uma forte condição hereditária que fez aumentar a demanda por produtos sem glúten.

Muitas pessoas procuram produtos sem glúten por questões relacionadas à perda de peso, por desejarem manter uma alimentação mais "natural" etc. Mas esse é outro segmento do comportamento do consumidor, no qual um produto é lançado para um determinado fim, mas o nicho previsto inicialmente acaba sendo estendido.

Nesse sentido, as empresas que monitoraram a mudança nos padrões alimentares dos consumidores inovaram e criaram produtos sem glúten para preencher as lacunas existentes no mercado. No entanto, muitas outras não promoveram esse monitoramento e acabaram ficando para trás no lançamento de produtos. A compreensão do comportamento do consumidor possibilitou que as organizações que acompanharam o processo aumentassem sua participação no mercado, antecipando a mudança nos desejos dos consumidores.

Assim, é vital compreender os fatores que afetam o comportamento do consumidor para identificar de que maneira isso influencia o marketing. Nesse sentido, as pesquisas dentro da psicogenética consideram os aspectos da hereditariedade e do ambiente, os quais podem afetar o comportamento – explicam por que filhos adotados podem exibir comportamentos similares aos dos pais, por exemplo. Destacamos, então, na sequência, os fatores que têm relação com a genética, segundo Hill (2009), os quais não necessariamente são herdados geneticamente:

- **Fatores psicológicos:** Os consumidores estão sendo afetados por muitos problemas exclusivos de seus processos de pensamento. Assim, os fatores psicológicos podem incluir a percepção de uma necessidade ou situação, a capacidade da pessoa de aprender ou compreender informações e a atitude de um indivíduo. Cada sujeito responderá a uma mensagem de marketing com base em suas percepções e atitudes. Portanto, os profissionais dessa área devem levar esses fatores psicológicos em consideração ao criar campanhas, garantindo que atraiam seu público-alvo (Hill, 2009).
- **Fatores pessoais:** Características específicas de uma pessoa e que podem não se relacionar a outros indivíduos do mesmo grupo. Tais características podem incluir a forma como uma pessoa toma decisões, bem como hábitos, interesses exclusivos e opiniões. Ao considerar os fatores pessoais, as decisões também são influenciadas por idade, sexo, formação, cultura e outras questões (Hill, 2009).

  Utilizando como exemplo os padrões de consumo, uma pessoa mais jovem provavelmente vai apresentar outros comportamentos em relação aos de uma pessoa mais velha, pois escolherá produtos diferentes e gastará seu dinheiro em itens que podem não interessar a uma geração anterior.
- **Fatores sociais:** Os influenciadores sociais são bastante diversos e podem incluir a família de uma pessoa, a interação social, o trabalho, a comunidade escolar ou qualquer grupo ao qual uma pessoa se afilie. Também podem se referir à classe social, que envolve renda, condições de vida e nível de escolaridade. Os fatores sociais são muito diversos e podem ser difíceis de analisar ao desenvolver planos de marketing (Hill, 2009).

É preciso considerar os fatores sociais no comportamento do consumidor, pois eles influenciam a maneira como as pessoas respondem às mensagens de marketing e tomam decisões de compra. Por exemplo, usar um porta-voz famoso pode influenciar os compradores.

Aqui no Brasil, essa percepção da influência familiar no comportamento relacionado ao consumo é bem marcante. Nas relações familiares, existem os "advogados da marca". Por exemplo, uma tia que só compra determinada marca de café e orienta todos da família a comprarem a mesma marca, pois ela a considera melhor que as demais. Por fim, ela acaba levando vários familiares a consumir essa marca, inclusive passando tal comportamento de geração em geração. Isso é uma realidade dentro das marcas de alimentos, de higiene, de lazer etc.

Um dos exemplos bem significativos disso está relacionado a automóveis. Em geral, quando uma família adota uma determinada marca de carro, ela passa a consumir os produtos daquela marca e os defende, pois o veículo passa a fazer parte da história da família, e esse panorama acaba acompanhando as outras gerações, que, devido ao apego e à confiabilidade, quando da escolha de outro carro, tendem a adquirir um da mesma marca que já conhecem e que fez/faz parte das suas vidas.

2.4
A influência da memética no dia a dia

Certamente você já utilizou ou utiliza memes para trocar mensagens, comunicar-se ou, ainda, expressar sua opinião de uma forma mais descontraída.

O termo *meme* foi escrito por Richard Dawkins (1989) no livro *The Selfish Gene* (em tradução literal, *O gene egoísta*). O autor explorou a proposta da evolução de Darwin, argumentando que muito do nosso comportamento pode ser entendido como uma espécie de "egoísmo" de nossos genes quanto à preocupação em conseguir que sejam replicados.

Dawkins (1989) lançou a metáfora do corpo humano como uma máquina de gene, comentando que nossos corpos eram hospedeiros não apenas para uma entidade replicante (o gene), mas também para outro: um vírus virtual da mente, que ele chamou de *meme*, definindo-o da seguinte forma:

> Um meme é uma unidade de transmissão cultural, ou uma unidade de imitação. "Mimeme" tem origem no grego, mas eu quero um monossílabo que soa um pouco como 'gene'. Poderia alternativamente ser pensado como estar relacionado à "memória" ou à palavra francesa même. Exemplos de memes são músicas, ideias, frases de efeito, modas de roupas, maneiras de fazer vasos ou de construir arcos. Assim como os genes se propagam saltando de um corpo para outro corpo via espermatozoides ou óvulos, os memes se propagam saltando de cérebro a cérebro por meio de um processo que, em sentido amplo, pode ser chamado de imitação. (Dawkins, 1989, p. 32, tradução nossa)

Assim, um meme é uma unidade de replicação cultural, como uma ideia. Para a memética, a "ciência de memes", o agente humano é um sistema de complexos de memes adaptados que infectaram o cérebro ou, talvez, tenham sido herdados.

A partir dessa perspectiva, um prerrequisito para compreender o comportamento dos clientes é a capacidade de entender as estratégias de infecção de memes que residem no cérebro destes. De acordo com a memética, o foco legítimo no estudo do comportamento do cliente é a mensagem, e não o cliente. Os próprios clientes são propriedades emergentes de um infeccioso e complexo vírus da mente, e nossos cérebros são veículos que têm ajudado esses vírus a se replicar (Dawkins, 1989).

Como foi destacado por Williams (2002), a diferença entre uma abordagem de marketing convencional e uma memética é o foco. O marketing convencional se concentra no cliente, e as campanhas de comunicação para os produtos particulares são construídas com referência específica para a compreensão das necessidades do mercado e a psicologia do cliente.

De uma perspectiva memética, essa abordagem está ligada à mente, isto é, o foco não está no cliente, mas na própria mensagem. Dessa forma, o sucesso comercial de um produto não depende exclusivamente da compreensão do cliente ou da percepção da atratividade dos produtos, mas sim do quão infecciosa a mensagem será. Em outras palavras, os memes nos possuem, não somos nós que os temos.

Um problema para o marketing é o consumidor ter sido exposto a uma abundância de memes – a maioria dos clientes está saturada desses "parasitas". As mentes sofrem de doenças crônicas com a sobrecarga de informação.

Para infectar um novo hospedeiro, a maioria dos memes tem de usurpar os já existentes que codificam o comportamento. O truque é criar um meme que gere códigos para um comportamento que é inovador e particularmente infeccioso.

Em suma, sob uma ótica memética, o objetivo da comunicação de marketing se torna a infecção, não a influência. O cérebro é o campo de batalha no qual esse vírus mental se instala, bem como a máquina de cópia que permitirá que tal vírus se replique.

Como destacou Williams (2002), projetar campanhas de uma perspectiva memética pode contrabalançar a psicologia popular que permeia a teoria de marketing. A primeira regra dos memes é o contágio – assim como ocorre com o vírus biológico, o mesmo acontece com os vírus mentais. Segundo Dawkins (1989), o intuito é que eles se espalhem simplesmente porque são bons nisso, e não necessariamente porque são compostos de boas ideias.

Nessa perspectiva, o sucesso de uma campanha pode não ter relação com a qualidade do produto. Assim, o desafio para o marketing memético é construir um vírus da mente particular e contagioso, independente da qualidade inerente ao produto ou do serviço que o vírus propagará.

Síntese

Iniciamos este capítulo abordando as emoções e alguns de seus aspectos, verificando como elas são determinantes no processo de tomada de decisão. Entender o que leva as pessoas a tomarem as decisões de compra e conhecer esses aspectos pode auxiliar na promoção de ações que aumentem o engajamento dos clientes. Quando são criadas estratégias de marketing, o intuito é motivar os consumidores para que eles se lembrem da marca. Por isso, compreender como funciona a memória e saber quais são as ações que atuam como gatilho para acioná-la e despertar emoções é essencial para a tomada de decisão.

Na sequência, apresentamos algumas pesquisas da área da psicogenética, as quais abordam as questões da hereditariedade e do ambiente, que podem afetar o comportamento dentro de uma família. Assim, pudemos identificar como parentes consanguíneos, aqueles que são criados no mesmo lar, podem adotar os mesmos padrões de consumo.

Para finalizar, conhecemos a memética, que vai além dos "memes" – emojis, figurinhas, palavras, abreviações e, até mesmo, ações que se tornam virais. Um dos destaques desse item está relacionado à proposta de estudo da memética, que antecede a utilização da internet.

Questões para revisão

1. Podemos conceituar a memória como um processo pelo qual aquilo que é aprendido persiste ao longo do tempo, bem como enquanto um sistema ativo que recebe, armazena, organiza e recupera a informação. Segundo cientistas, existem várias funções-chave nesse processo de memória, o qual contempla várias etapas que nos ajudam a lembrar melhor as informações e a tornar mais provável que nossos cérebros convertam memórias fugazes de curto prazo em memórias duradouras de longo prazo.

A esse respeito, e considerando o que estudamos neste capítulo, analise as assertivas a seguir.

I. As campanhas que contêm muitas informações são esclarecedoras e serão facilmente recordadas pelos consumidores.
II. As empresas não devem carregar suas campanhas com muitas informações.
III. A sugestão é manter a mensagem simples e facilmente fragmentável.
IV. Uma campanha simples torna mais provável que a empresa crie um espaço na memória de longo prazo do público.

A seguir, indique a alternativa que apresenta as assertivas corretas:

a. I, II e III.
b. I, III e IV.
c. II, III e IV.
d. I, II, III e IV.
e. IV, apenas.

2. A memória de curto prazo também pode ser encontrada na literatura com a nominação de *memória operacional* ou *memória de trabalho*. Assim, a memória de curto prazo se refere à informação sobre a qual estamos cientes. Nesse sentido, é incorreto afirmar:

a. A memória de curto prazo é muito breve.
b. É sugerido que a memória de curto prazo pode conter sete elementos, com uma variação de dois itens para mais ou para menos.
c. A memória de curto prazo contém informações seletivas, que podem durar anos.
d. Quando as memórias de curto prazo não são ensaiadas ou ativamente mantidas, elas duram meros segundos.
e. A memória de curto prazo mantém a maior parte das informações, as quais são armazenadas por cerca de 20 a 30 segundos.

3. A memória de *longo prazo* recebe essa denominação devido à sua capacidade de armazenar informações por longos períodos de tempo: horas, meses, anos e décadas. Nossa identidade está diretamente relacionada à memória de longo prazo, pois ela afeta nossa maneira de ser e estar no mundo, influenciando o nosso modo de vida. A esse respeito, leia as assertivas que seguem e marque V para as verdadeiras e F para as falsas.

   ( ) As memórias de longo prazo geralmente estão fora da mente consciente.
   ( ) Algumas memórias são relativamente fáceis de lembrar, enquanto outras são muito mais difíceis de acessar.
   ( ) Nem todas as memórias de longo prazo são criadas da mesma forma.

   A seguir, assinale a alternativa que apresenta a sequência correta:
   a. V, V, V.
   b. V, V, F.
   c. V, F, F.
   d. F, V, F.
   e. V, F, V.

4. As experiências que todos os seres humanos vivenciam são únicas e relevantes, impactando a vida de cada um de forma diferente. Sob essa perspectiva, explique qual é a relação da genética com o marketing.

5. É vital compreender os fatores que afetam o comportamento do consumidor para identificar de que maneira ele influencia o marketing. Nesse sentido, explique qual é a importância dos fatores sociais.

Questão para reflexão

1. A memética vai além da utilização de emojis, figurinhas e frases que marcam. A esse respeito, reflita e escreva como os recursos da memética podem ser explorados no marketing.

Para saber mais

Para explorar seu conhecimento sobre o uso de memes nas abordagens de marketing digital, leia o artigo a seguir que explica a utilização de memes por uma rede brasileira de *fast-food*.

JUNQUEIRA, A. H. Os memes e sua apropriação pelo marketing digital: a experiência da rede brasileira de fast-food Giraffas. Signos do Consumo, São Paulo, v. 8, n. 2, p. 19-30, jul./dez. 2016. Disponível em: <https://www.revistas.usp.br/signosdoconsumo/article/view/114905>. Acesso em: 22 set. 2021.

Shirlei Miranda Camargo

03 Fatores que influenciam as tomadas de decisões

Conteúdos do capítulo:

- Diferentes comportamentos entre homens e mulheres.
- Como as decisões são tomadas.
- Como a mentira e o autoengano se relacionam com a pesquisa de mercado.
- Diferentes tipos de vieses.

Após o estudo deste capítulo, você será capaz de:

1. entender as diferenças entre homens e mulheres e como tais distinções podem ser utilizadas para desenvolver estratégias mais eficazes;
2. compreender o passo a passo do processo de decisão de um consumidor;
3. identificar por que o ser humano mente até para si mesmo e qual é o impacto disso para o marketing;
4. perceber quais são os vieses e de que forma eles interferem no processo de decisão dos consumidores.

3.1 Diferenças comportamentais entre homens e mulheres

Você já ouviu estas frases?

> Um homem pagará R$ 100,00 em algo que vale R$ 50,00 mas que ele precisa. Uma mulher pagará R$ 50,00 em algo que vale R$ 10,00 mas que ela não precisa.

Essas frases estão certíssimas, segundo o neuromarketing. De acordo com Martha Barletta (2003), o "caminho" da mulher é um processo espiral, enquanto o do homem é uma reta. Ela ilustra isso ao dizer que é muito comum vermos um homem entrar em um *shopping*, dirigir-se a uma única loja, comprar e ir embora com apenas uma sacola. Já as mulheres estão sempre abertas à experimentação e compram em lojas variadas. Isso porque os homens são geralmente mais práticos e, portanto, depois de cumprirem seu objetivo, não veem necessidade de permanecer ali. Também são mais fiéis às marcas e focam em qualidade de atendimento e do produto/serviço, enquanto as mulheres preferem pesquisar por preços e melhores condições de pagamento (Cruz; Fischer, 2017).

Assim, sabemos que, além das óbvias distinções anatômicas entre homens e mulheres, há diferenças na forma como os cérebros masculinos e femininos processam a linguagem, as informações, as emoções, os conhecimentos etc. É importante pontuar que tais diferenças existem desde o início da humanidade, quando aos homens eram designadas as tarefas de caça e pesca, o que acabou por desenvolver neles habilidades de competitividade, agressividade, excelente visão espacial e uma excepcional noção de localização (Cruz; Fischer, 2017).

> Eu, professora Shirlei, sou uma prova disso: para me localizar em um mapa, preciso virá-lo para ficar na mesma posição em que eu estou e, assim, saber para qual direção devo ir.

Por sua vez, as mulheres daquela época ficavam com a tarefa de cuidar dos filhos, do marido e do lar – as quais dependiam da empatia e de sabedoria para um bom convívio familiar. Também, precisavam compartilhar recursos e alimentar os filhos. Por isso, as mulheres se tornaram *experts* em empatia, pois um cérebro empático pode antecipar e entender as necessidades das crianças que ainda não podiam falar (Pradeep, 2010). Enfim, eram funções distintas que fizeram com que ambos desenvolvessem habilidade diferentes (Cruz; Fischer, 2017). Como Pradeep (2010) afirma, as diferenças entre os cérebros feminino e masculino são heranças da evolução do homem primitivo.

Certamente, muitas dessas diferenças também decorrem dos hormônios. Os homens possuem a testosterona, que os torna mais competitivos e agressivos. Já as mulheres têm o estrogênio, o qual exacerba seu sentimento de proteção. Conforme Bridget Brennan (2010, citada por Moreira, 2010), pesquisas demonstram que o cérebro tem regiões claramente diferentes entre os sexos, sendo que o equilíbrio hormonal que orienta nossas tomadas de decisões é complexo e também distinto para ambos (Moreira, 2010).

Outra coisa importante de pontuar é que mulheres possuem o dobro de neurônios conectando o lado direito ao esquerdo do cérebro, o que leva a intepretações das informações tanto de maneira racional quanto emocional. Por sua vez, os homens utilizam ou o lado emocional ou o racional para filtrar a mensagem. Também, as mulheres têm mais neurônios-espelho[1] e, por isso, mais empatia com o que acontece com as demais

---

1 Neurônios que disparam quando alguém realiza uma ação, bem como quando observamos outra pessoa fazer a mesma ação (Ventura, 2010).

pessoas. Tais neurônios fazem com que a mulher perceba mais facilmente o humor das pessoas e, também, tenha uma memória mais desenvolvida (Neiva, 2012b). Já os homens conseguem focar em uma tarefa de cada vez (Neiva, 2012b).

> Novamente, eu, Professora Shrilei, vou contribuir com um exemplo pessoal. Quando frequentava a academia com meu marido, ele ficava espantado ao me ver correr na esteira ouvindo música e lendo ao mesmo tempo. Ele dizia que se fizesse isso provavelmente cairia! Ainda, quando ele está ao telefone e eu faço sinal de que quero falar com a pessoa ou peço-lhe que transmita alguma mensagem, o cérebro dele simplesmente "buga". Os homens, em geral, simplesmente não conseguem estar em uma ligação e entender o que outra pessoa está querendo dizer.

Brennan (citada por Moreira, 2010) resume as diferenças entre ambos:

- Emoção: O sistema límbico, responsável pelas emoções, costuma ser maior nas mulheres, o que ajuda a explicar por que geralmente elas são as principais responsáveis por cuidar de idosos e crianças.
- Memória: O hipocampo (centro distribuidor das emoções e da formação da memória) é maior no cérebro das mulheres, sendo essa a provável razão pela qual elas se lembram mais facilmente de eventos emocionais.
- Discurso: As mulheres usam ambos os lados do cérebro para falar, enquanto os homens usam apenas um. Além disso, elas têm maior número de células nervosas no lado esquerdo do cérebro, onde se encontra a capacidade de processamento de linguagem.
- Sexo: Os homens têm mais que o dobro do poder cerebral e de processamento devotado ao impulso sexual; durante a adolescência os meninos desenvolvem uma quantidade de testosterona 20 vezes maior do que as meninas.

- Socialização: A testosterona diminui a vontade de conversar, assim como o interesse em socializar, com exceção para os temas "esportes" e "conquistas sexuais". Inclusive, pesquisadores da Escola de Medicina da Universidade de Maryland descobriram que as mulheres tem 30% a mais de FOXP2 – proteína responsável pela habilidade de vocalizar – do que os homens! (Castro, 2013).
- Multitarefas: As mulheres são *multitask* (multitarefas). Isso acontece porque elas possuem um maior número de conexões entre os dois hemisférios do cérebro, o que pode explicar a capacidade de fazer várias coisas ao mesmo tempo. Já os homens geralmente ativam apenas um dos lados do cérebro quando processam informações e, por isso, são melhores em compartimentar dados e fazer uma coisa de cada vez.
- Linguagem corporal: As mulheres têm maior capacidade de fazer leitura das expressões faciais e do tom de voz das pessoas, sendo capazes de perceber diferentes sentimentos.
- Problemas espaciais: As mulheres procuram por pontos de referência, enquanto os homens preferem recorrer à "informação euclidiana", razão pela qual consultam mapas.

Já em relação a comportamentos sob pressão, o homem normalmente quer ser o herói, "salvar o dia" e se sentir valorizado por isso. Por sua vez, a mulher quer desabafar, ser compreendida, ter seus sentimentos validados, ser surpreendida, mas também resolver os problemas (Moreira, 2010). Ainda, em relação ao viés cognitivo (vamos abordar os vieses na sequência desta obra), conhecido como *excesso de confiança*, diversos estudos e pesquisas demonstram que, na área de finanças, os homens são excessivamente mais confiantes que as mulheres (Barber; Odean, 2001; Zindel, 2008).

Além disso, Moreira (2010), citando Brennan (2010), afirma que o processo de socialização de homens e mulheres é completamente distinto, pois os códigos de comportamento e as mensagens que recebem dos adultos e da sociedade são muito diferentes (lembra do polêmico "meninos vestem azul e meninas usam rosa"?). Enfim, todas essas questões levam ao entendimento de que homens e mulheres são diferentes no que priorizam, no que querem, como se comportam e se comunicam.

3.2
Processo de tomada de decisão

O tempo todo estamos tomando decisões! Levantar ou ficar mais 10 minutinhos na cama? Lavar o cabelo ou não? Café preto ou com leite? Adoçante ou açúcar? Pão com margarina ou manteiga? Ou seja, antes de tomar nosso primeiro gole de café, as decisões já começaram. Segundo uma reportagem do *The Wall Street Journal*, o adulto americano médio toma 35.000 decisões por dia (Sollisch, 2016)! E aqui no Brasil não deve ser diferente.

Obviamente, o processo de tomada de decisão é um tema muito relevante para o marketing. Isso porque é de suma importância que as empresas saibam como e por que os consumidores escolhem uma marca em detrimento de outra. Além disso, como já comentamos quando falamos sobre as emoções, as decisões podem ser racionais ou não. Então, entender esse processo pode ajudar muito as organizações a desenvolverem suas estratégias de forma mais eficaz.

Em geral, o processo de tomada de decisão dos consumidores ocorre conforme consta na Figura 3.1, a seguir.

Figura 3.1 – Processo de tomada de decisão

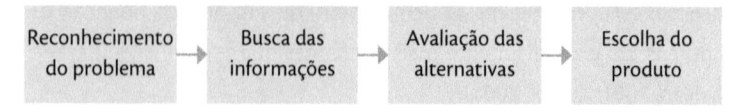

| Reconhecimento do problema | → | Busca das informações | → | Avaliação das alternativas | → | Escolha do produto |

As decisões podem ir das mais simples, como decidir qual marca de café você comprará, até as mais complexas, a exemplo da compra de uma casa própria. Evidentemente, as decisões mais simples, muitas vezes, são tomadas de forma praticamente automática, enquanto as mais complexas exigem um processo mais elaborado.

A esse respeito, o renomado autor de comportamento de consumidor Michael R. Solomon (2016) classificou os tipos de decisões dos consumidores da seguinte forma:

- Solução ampliada do problema: Ocorre quando a pessoa precisa tomar uma decisão mais importante. Para isso, ela coleta o máximo de informações para depois avaliar cuidadosamente cada alternativa. Nesse cenário, temos produtos mais caros, comprados em raras ocasiões, com um alto envolvimento do consumidor e que exigem reflexão, pesquisa e tempo para serem adquiridos (Solomon, 2016). Quando alguém vai comprar um celular, por exemplo, certamente pesquisa antes na internet, fala com amigos, vai até a loja olhar e obter mais informações para, então, escolher, dentre algumas alternativas, a que lhe pareça a melhor compra.

- Solução limitada do problema: Nesse caso, a decisão é mais direta e simples. Muitas vezes, os consumidores sequer precisam ir em busca de informações ou analisar cada alternativa cuidadosamente. Em vez disso, as pessoas usam regras de decisão simples (chamadas de *heurísticas*[2]), as quais funcionam como uma espécie de "atalho" cognitivo. Aqui enquadram-se produtos de baixo valor monetário, comprados frequentemente, que têm pouco envolvimento com o consumidor e que precisam de pouca reflexão, pesquisa e tempo para serem adquiridos. Por exemplo, quando você vai comprar um papel-toalha no supermercado, todos têm o

---

2 "[...] pode ser considerada um 'atalho mental' usado no pensamento humano para se chegar aos resultados e questões mais complicadas de modo rápido e fácil, mesmo que estes sejam incertos ou incompletos" (Heurística, 2020).

preço parecido, e você acaba optando por um que viu na casa de sua tia ou no comercial da televisão (Solomon, 2016).

Agora, voltando ao processo de decisão clássico de um produto/serviço, vamos analisar cada uma de suas fases.

Reconhecimento do problema

Um problema surge toda vez que um consumidor percebe uma diferença entre seu estado atual e algum estado desejado ou ideal (Solomon, 2016). Por exemplo, você está em casa assistindo a seu programa favorito (pode ser a reprise do capítulo final da novela Avenida Brasil ou o Fla-Flu na final do campeonato carioca de futebol) e, de repente, sua televisão queima! Nesse caso, seu estado atual é a frustração de não poder acompanhar seu programa favorito ao reconhecer um problema – você está sem televisão, pois ela estragou. Logo, seu estado desejável é conseguir outro aparelho.

Porém, por vezes, essa percepção de diferença entre os estados atual e ideal não se dá pelo reconhecimento de um problema, e sim pelo reconhecimento de uma oportunidade (Solomon, 2016). Digamos que você está passando na frente de uma loja e vê uma *SmartTV* de 40 polegadas pela metade do preço. Seu estado atual é ficar frustrado ao pensar que em casa você tem uma televisão antiga, de tubo, de 28 polegadas, mas você gostaria muito de ter essa linda televisão na sua casa para assistir a sua novela ou ao seu time favorito (esse é o estado ideal). Então, surge um "vazio" entre os dois estados, o qual só será preenchido se você comprar essa pechincha (algo muito barato).

Para entender melhor, observe a Figura 3.2, a seguir.

Figura 3.2 – Estado real *versus* estado ideal

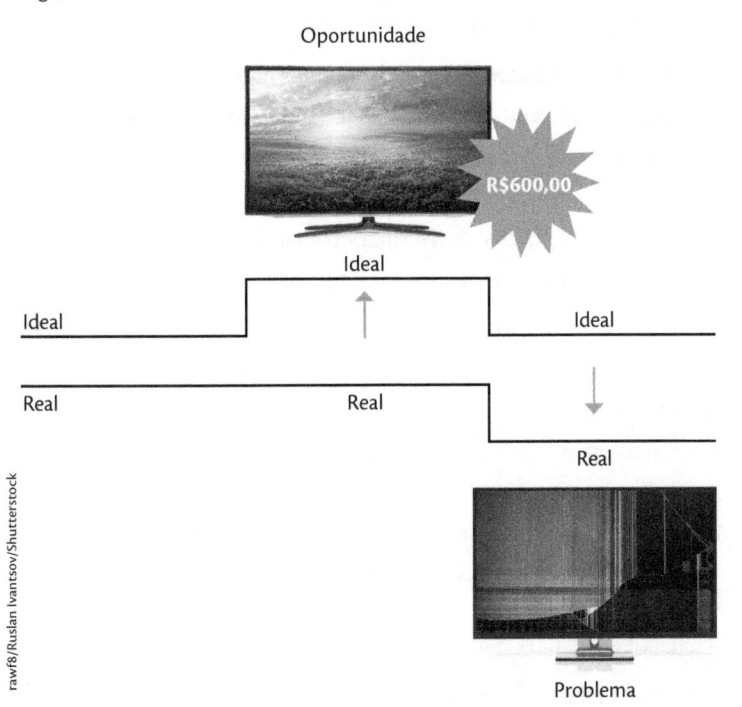

[Figura: esquema mostrando uma TV nova com preço R$600,00 (Oportunidade/Ideal) e uma TV quebrada (Problema/Real), ilustrando a diferença entre estado ideal e estado real.]

Fonte: Elaborado com base em Solomon, 2016.

Busca de informações

Os consumidores em busca de informações podem obtê-las de duas formas. Internamente, utilizando sua própria memória de longo prazo (ex.: já usou o produto antes) – o que chamamos de *fonte interna* – ou externamente (ex.: vendo anúncios ou um amigo usando o produto) – o que denominamos *fonte externa* (Solomon, 2016).

De acordo com Solomon (2016), a pesquisa por informações pode ser deliberada ou acidental. O primeiro caso chamamos de *aprendizagem direta*. Por exemplo, se no mês anterior você procurou um tênis para dar de presente a seu irmão e agora neste mês precisa comprar um tênis para você mesmo, certamente terá uma boa noção de qual seria a melhor opção de compra.

Já na aprendizagem incidental, obtemos informação de forma passiva. Por exemplo, mesmo não estando interessado(a) em ter filhos no momento, você é exposto(a) continuamente a propagandas, anúncios, embalagens de fraldas etc. Ao longo do tempo, a simples exposição a esses estímulos condicionados resulta em uma aprendizagem que poderá ser útil no futuro – se você descobrir que será papai ou mamãe.

Esse é o benefício esperado pelas empresas ao fazerem a propaganda de forma constante e em pequenas doses, ajudando o consumidor a fazer associações e a mantê-las na mente até o momento em que sejam necessárias, ou seja, até que sejam recuperadas (lembra dos passos do processamento da memória?) (Solomon, 2016). Seguindo nosso exemplo, ao precisar comprar fraldas no supermercado, o consumidor lembrará da marca que deixa o bebê "mais sequinho".

Avaliações das alternativas

Um grande esforço do processo de decisão se concentra nesta fase, pois a sociedade atual oferece cada vez mais alternativas. Assim, no meio dessas inúmeras possibilidades, de que forma as pessoas fazem a seleção (ex.: pense na quantidade imensa de marcas de perfume)? Chamamos as alternativas consideradas nos estudos de comportamento do consumidor de *conjunto evocado*, o qual é formado por alternativas que já temos na nossa memória juntamente com as que estão, por exemplo, no ponto de venda (Solomon, 2016).

Por isso, existe tanto esforço para que os consumidores memorizem as marcas. É preocupante para uma empresa descobrir em pesquisas que sua marca não faz parte do conjunto evocado pela maioria dos consumidores! Também é importante saber que estes categorizam os produtos dentro de suas mentes, ou seja, agrupam-nos em determinadas categorias. O modo como os produtos são mentalmente agrupados influencia quais alternativas serão consideradas no momento de uma compra (Solomon, 2016).

Por conta disso, é fundamental o posicionamento de um produto/marca, com o objetivo de que a empresa convença o consumidor da categoria à qual o produto/a marca pertence (Solomon, 2016). Por exemplo, quando a Yakult lançou a Yakult cosméticos, não conseguiu posicionar seus produtos na categoria "cosméticos", pois a marca Yakult é fortemente vinculada a bebidas lácteas. Logo, as pessoas não consideravam a Yakult (causava até certa estranheza) ao comprar um batom.

Escolha do produto

É preciso que a empresa conheça os critérios de avaliação de seus produtos, ou seja, a quais deles as pessoas recorrem para decidir a compra. Assim, o marketing pode ajudar a formar tais critérios na mente dos consumidores por meio da comunicação. Por exemplo, os consumidores podem usar algumas heurísticas (simplificações) a depender do tipo de produto: produtos mais caros são melhores, marcas mais conhecidas são superiores, produtos chineses são ruins e alemães são bons (país de origem) etc. (Solomon, 2016).

A esse respeito, observe a citação a seguir:

> De acordo com o site *AutoHome*, esse novo Chery Tiggo 5X chinês terá uma campanha especial de lançamento. Os primeiros 10.000 compradores receberão um desconto de 10.000 yuans, ou cerca de R$ 7 mil na conversão direta. Além disso, quem optar pelo novo SUV com motor 1.5 aspirado de 118 cv de potência receberá uma 'garantia vitalícia' para o propulsor. (Moreno, 2020, grifo do original)

Percebe-se que a empresa Chery quer tirar o estigma de má qualidade por ser uma empresa chinesa (fato que vem mudando ao longo dos anos) ao oferecer uma garantia vitalícia para seu motor! Então, entender o que o consumidor considera na hora da escolha e elaborar estratégias para explorar ou minimizar possíveis problemas é fundamental para obter sucesso no mundo empresarial.

3.3 Mentira, autoengano e a pesquisa do marketing

É difícil assumir, mas, certamente, você já deve ter contado algumas mentiras por aí. Quem nunca, não é mesmo? Porém, o mais interessante é que a mentira não é uma exclusividade de nós seres humanos. Animais e até plantas "mentem".

Veja o exemplo da orquídea *Ophrys speculum* (Figura 3.3). Ela produz pequenas flores sem néctar para atrair polinizadores. Para seduzir os machos, as orquídeas têm uma forma que aparenta um inseto fêmea em repouso (Superinteressante, 2016).

Figura 3.3 – Orquídea *Ophrys speculum*

Irenya/Shutterstock

Contudo, na maioria das vezes, os animais mentem para fugir do perigo ou para disputar alimento ou parceiro sexual. Veja este outro exemplo, de um sapo encontrado no Vietnã que se disfarça de musgo para fugir de seus predadores (Figura 3.4).

Figura 3.4 – Camuflagem de um sapo

Mas, diferente dos animais, o homem não mente somente por questões de sobrevivência e reprodução. Dentre todos os seres vivos, nenhum mente tão bem e com tanta desenvoltura quanto os humanos. Já na Idade da Pedra, quando não conseguiam alcançar seus objetivos por meio da força física, os homens tinham de recorrer a outras técnicas (como manipulação) para, por exemplo, manter o respeito do grupo ao voltarem de uma caça de mãos vazias (Superinteressante, 2016). Enfim, as pessoas mentem muito! Segundo uma pesquisa de Feldman, Forrest e Happ (2002), em média, a cada dez minutos de conversa, as pessoas contam três mentiras!

E por que o ser humano mente tanto? Conforme De Camargo (2012), mentimos pelos mais variados motivos: temor da punição, obter prestígio, evitar constrangimentos, proteger pessoas, preservar a reputação, manipular alguém, ter senso de poder, causar danos aos outros e até por prazer. Logo, podemos afirmar que existem "mentiras" quase nobres. Sabe aquela amiga que passou *henna* na sobrancelha e agora está parecendo que tem duas taturanas em cima dos olhos? Por que contar isso a ela, já que vai gerar aflição e não há o que fazer até a tinta se apagar com o tempo?

Contudo, há mentiras tão cruéis que podem até causar a morte das pessoas, como aquele triste caso de uma mulher que foi morta pela comunidade em que vivia porque alguém publicou na rede social chamada "Guarujá Alerta" que ela estaria raptando crianças para realizar magia negra na região – havia ainda um retrato falado da suposta mulher. Apesar de a criminosa em questão sequer existir, pois, segundo a polícia, não havia nenhuma denúncia de sequestro de crianças em Guarujá naquele momento, a mulher foi confundida com a tal sequestradora e morta por populares (Carpanez, 2018).

E você já ouviu falar no termo *autoengano*? Autoengano é o ato de iludir a si mesmo para que sua mentira seja a mais real possível para os outros – ou seja, o autoengano nos ajuda a mentir melhor (Camargo, 2009). Por mais estranho que pareça, nós nos autoenganamos frequentemente!

Lembro que um dia estava em uma loja de conveniência pagando pelo abastecimento do meu carro quando uma mulher entrou na loja para comprar um maço de cigarro. Quando a atendente lhe entregou uma carteira que tinha, na parte de trás, a imagem de um feto deformado – fazendo uma alusão de que fumar causa danos fetais –, a mulher imediatamente pediu para trocar a embalagem, como se o simples fato de trocar a embalagem fizesse o "problema" desaparecer. Claramente, ela estava se autoenganando.

Segundo Robert Feldman (citado por De Camargo, 2012), por vezes a necessidade do autoengano é tão forte que as pessoas chegam a criar uma espécie de filtro das informações que afetariam sua autoimagem (como ela vê a si própria). Esse tipo de comportamento é muito comum em políticos e celebridades. Mas o que a mentira e o autoengano têm a ver com o marketing?

Mais do que você imagina! A esse respeito, Camargo (2009, p. 29) menciona que "95% das informações na nossa mente estão no inconsciente [...] nós, seres humanos, temos uma tendência a mentir e ao autoengano e quando respondemos a uma pesquisa o fazemos com o córtex frontal, sendo que nossas 'verdades' estão no sistema límbico e no cérebro reptiliano".

Isso significa que, se você vai fazer uma pesquisa de marketing, as respostas poderão ser mentiras! Ao responder a uma pesquisa, a pessoa pode dar a resposta que ela achar ser mais "aceitável" ou a resposta "esperada", mas que não condiz com a realidade. Um bom pesquisador certamente utiliza alguns subterfúgios para minimizar esse impacto. Por exemplo, já no início da pesquisa, ele avisa que não existe resposta certa nem errada, que os dados são anônimos (não há o objetivo de identificar quem respondeu o quê) e sigilosos (não serão divulgados). Tudo isso com a intenção de deixar o respondente mais à vontade para falar a verdade, pelo menos de maneira consciente.

Porém, por vezes, essa "mentira" está no subconsciente, e as pessoas nem percebem. Aqui entra a grande vantagem do neuromarketing! Veja este exemplo da empresa Frito-Lay, fabricante do salgadinho Cheetos. A organização queria analisar a eficiência de um anúncio: duas mulheres estavam em uma lavanderia que tinha apenas uma máquina de lavar roupas. Nesse cenário, uma delas se adianta e dirige-se à máquina primeiro. A outra mulher fica indignada com a atitude e, como "vingança", derruba seu pacote de Cheetos dentro da máquina cheia de roupas brancas de sua "concorrente".

Ao assistirem ao comercial e serem questionadas durante um grupo focal[3], a grande maioria falou que o detestou, pois ele representava uma atitude mesquinha, vingativa (Ariano, 2015). Contudo, a empresa, utilizando-se do neuromarketing, realizou um eletroencefalograma (EEG) com participantes e descobriu que, na realidade, as pessoas achavam a propaganda muito engraçada, diferente do resultado obtido no grupo focal. No final, a empresa confiou no neuromarketing e veiculou a propaganda, a qual fez tanto sucesso que a empresa NeuroFocus, responsável pela pesquisa, ganhou o Grand Ogilvy Award[4] (Ariano, 2015).

Isso acontece porque, muitas vezes, o que a pessoa fala é diferente do que pensa. Nesse exemplo, os respondentes temiam ser julgados pelos demais participantes e deram a resposta considerada "socialmente aceita". Aqui entra o neuromarketing com uma proposta de neutralizar esse tipo de viés, pois ele coleta as respostas diretamente do cérebro das pessoas ou de suas reações físicas. Por exemplo, sabemos que nossas microexpressões faciais nos entregam quando mentimos. Inclusive, existem especialistas em micromovimentos – isso se refere à biometria (estudo de dados biológicos). Contudo, fique tranquilo, pois tais temas serão abordados com mais profundidade nas próximas páginas. O importante, agora, é perceber que as pessoas mentem (consciente ou inconscientemente) e que isso pode impactar as pesquisas de marketing e, com efeito, suas estratégias.

---

3   Entrevista realizada de maneira não estruturada e natural por um moderador treinado com um grupo pequeno de respondentes (Malhotra, 2004).

4   "O ARF David Ogilvy Awards homenageia os usos extraordinários e/ou criativos da pesquisa nos processos de desenvolvimento de publicidade de empresas de pesquisa, agências de publicidade e anunciantes" (WARC, 2021, tradução nossa).

3.4 Vieses cognitivos

Como comentamos anteriormente, no momento de tomar uma decisão, somos sujeitos a alguns vieses (Solomon, 2016). Mas você sabe o que é um viés? Segundo o Dicionário Priberam, um *viés* é "uma distorção ou tortuosidade na maneira de observar, de julgar ou de agir" (Viés, 2021).

Resumindo, trata-se de uma distorção. Segundo Santos et al. (2020), as pessoas tomam inúmeras decisões irracionais ao longo do dia. Chamamos de *vieses cognitivos* as tendências psicológicas que nos fazem tirar conclusões erradas e gerar comportamentos distorcidos ou não racionais nem lógicos (Camargo, 2014).

Assim, os vieses cognitivos são os norteadores e demonstradores de tendências psicológicas. Por meio de experiências, eles indicam de que maneira as decisões afetam a teoria de escolha. Por conta disso, estudos e pesquisas do neuromarketing têm focado na cognição das pessoas, possibilitando um entendimento melhor sobre as tomadas de decisão (Santos et al., 2020). A seguir, vamos abordar alguns tipos de vieses.

Vieses psicológicos

São reações que produzem pensamentos e geram comportamentos. Podemos citar o viés da ancoragem, por meio do qual as pessoas tendem a se apoiar fortemente em uma informação dada anteriormente – por exemplo, quando vemos nos pontos de venda etiquetas com dois preços, em que um valor está riscado (mostrando que já não vale) e outro não.

Outro viés é conhecido como efeito *bandwagon*: tipo de viés que leva as pessoas a agir da mesma maneira que os demais, criando um pensamento em grupo. Sabe quando você vai com amigos a uma loja e acaba comprando algo mesmo sem ter previsto?

Vieses biológicos

É fato que os hormônios corporais e cerebrais afetam os processos cognitivos e comportamentais das pessoas. Quando, anteriormente, falamos das diferenças de gêneros, conversamos um pouco sobre a influência dos hormônios. Por exemplo, as mulheres são propensas a comprar mais em certas fases do ciclo menstrual (ex.: ovulação) e, também, conforme a fase do ciclo menstrual em que se encontram, elas têm preferências por determinados produtos, ligados diretamente com a percepção sensorial e tátil.

Nesse sentido, é importante para certas empresas, ao realizar uma pesquisa de mercado, por exemplo, relacionar a fase do ciclo menstrual em que a mulher está aos produtos comprados.

Vieses da memória

Aqui podemos citar o viés da falsa memória. Trata-se da associação de um grupo de neurônios em que todos "disparam", criando um padrão específico, desenvolvendo o estágio em que se retém memórias, expressões, sentimentos, entre outros. Com a junção desses sentimentos, o consumidor cria uma ilusão em relação ao produto adquirido. Você pode, por exemplo, ter ido a um restaurante que nem era tão bom, mas a companhia e o momento foram tão bacanas que a sensação de ele ser ótimo é muito maior que a realidade.

Outro viés é a transitoriedade, no qual os detalhes do produto são esquecidos facilmente, restando um sentido geral do acontecimento (ex.: algum produto que você comprou e cujos detalhes não se lembra bem, apenas sabe que gostou – ou odiou).

Há ainda o viés da distração, em que várias informações presentes no ambiente dividem a atenção das pessoas quando elas estão adquirindo uma informação. Apesar de não prejudicar a familiaridade, isso atrapalha a recordação.

Vieses do comportamento econômico

Relacionam o comportamento dos agentes econômicos com as teorias financeiras, com foco principal nas tomadas de decisões comportamentais, com o objetivo de compreender de que forma as pessoas agem economicamente em seu dia a dia. Essa nova teoria questiona, desde a década de 1990, o pressuposto de que tais sujeitos são capazes de se atualizar ao receber cada nova informação e tomar decisões conscientes sem que haja interferência de preconceitos ou de um viés cognitivo.

Assim, os vieses do comportamento econômico surgem como possibilidades à compreensão dos desvios psicológicos dos norteadores econômicos, por meio dos quais se pretende chegar mais próximo do entendimento da tomada de decisão do consumidor, assim como da compra de bens e serviços.

Como já vimos, Solomon (2016), um dos grandes pesquisadores do comportamento do consumidor, também apresenta alguns vieses que os consumidores demonstram no processo de decisão de suas aquisições:

- Explicação mental: As decisões são tomadas com base nas formas pelas quais o problema é exposto (processo chamado de *estruturação*) – em termos de ganho ou perdas. Digamos que você ganhou um ingresso para ir a um *show*, mas está caindo uma tempestade. Você iria? Agora, imagine a mesma situação, mas você comprou o ingresso. Você se arriscaria a sair nessa tempestade? Pesquisadores descobriram que, em situações semelhantes, as pessoas são propensas a se arriscar caso tenham pago por algo – é a falácia a fundo perdido. Pagar por algo nos faz relutar em perdê-lo. Perceba que o risco é o mesmo nas duas situações: a tempestade!
- Aversão à perda: As pessoas costumam se preocupar muito mais com a perda de algo do que com o ganho. Para muitos, perder dinheiro é muito mais desagradável do que é agradável ganhá-lo.

- **Teoria da expectativa:** Modelo que analisa como as pessoas escolhem. Acompanhe opções a seguir:
    a. Você ganha R$ 30,00 e depois pode participar de um jogo de cara e coroa; se sair cara, você ganha R$ 9,00, e se sair coroa, você perde R$ 9,00.
    b. Você tem a opção de ganhar R$ 30,00 reais ou aceitar jogar a moeda, sendo que, se cair cara, você ganha R$ 9,00 e ficará com R$ 39,00, e se cair coroa, você perde R$ 9,00, ficando com R$ 21,00.

A maioria das pessoas escolhe a primeira opção, apesar de os resultados de ambas serem exatamente iguais. A diferença é que as pessoas preferem "jogar com o dinheiro dos outros". Isso vai contra a racionalidade, pois as pessoas dão valor diferente ao dinheiro conforme a origem dele.

Além disso, fatores externos podem afetar uma escolha, por mais que desejemos ser racionais. Veja outro exemplo: você está na praia e tem apenas água gelada para beber, mas durante a última hora pensou em como seria bom beber uma garrafa gelada de sua cerveja preferida. Um amigo se levanta e diz que precisa ir até em casa e se oferece para trazer a cerveja na volta. No entanto, segundo ele, a garrafa pode ser cara. Então, ele lhe pergunta quanto você está disposto a pagar.

Existem duas versões dessa pesquisa: em um grupo, o amigo compra a cerveja em um mercadinho velho, e na outra, em um hotel luxuoso. No cenário do mercadinho velho, paga-se em média US$ 1,50 pela cerveja, enquanto no panorama do hotel de luxo, paga-se em média US$ 2,65. Perceba que o ato do consumo é o mesmo, a cerveja é a mesma e o ambiente onde ela será consumida também – a praia! (Solomon, 2016).

Síntese

Neste capítulo, evidenciamos que homens e mulheres são diferentes em vários aspectos. Por exemplo, mulheres são mais empáticas, multitarefas, detalhistas e têm melhor memória. Já os homens são mais objetivos, focados, práticos e contam com um excelente senso de localização espacial. Obviamente, tais diferenças são importantes para as empresas desenvolverem estratégias de marketing.

Também, explicamos como se dá o processo de tomada de decisão e o que ocorre em cada uma das fases: reconhecimento de um problema (ou de uma oportunidade), busca de informações, análise das alternativas e escolha de um produto.

Na sequência, abordamos o fato de que os seres humanos mentem muito, até mesmo para si próprios, como forma de "validar" as mentiras, e mencionamos que tal fato pode trazer informações errôneas para o marketing quando uma organização utiliza técnicas comuns de pesquisa. Por fim, detalhamos a que se referem os chamados *vieses* e de que maneira eles influenciam na tomada das decisões da pessoas, inclusive nas decisões de compra de produtos/serviços.

Questões para revisão

1. Sabemos que o tempo todos estamos tomando decisões, e para o marketing, entender como ocorre esse processo é fundamental, ou seja, saber por que o cliente escolhe um produto em detrimento de outro. Nesse contexto, segundo Solomon (2016), o processo de tomada de decisão de um consumidor é composto por algumas etapas. A esse respeito, relacione corretamente cada uma dessas fases a seus respectivos exemplos:

    I. Reconhecimento do problema
    II. Busca das informações

III. Avaliação das alternativas
IV. Escolha do produto

[ ] José foi até o *site* da Adidas e comprou um tênis do mesmo modelo de seu tio.
[ ] José entrou no *site* "Reclame Aqui" para ver quais marcas de tênis tinham mais reclamações quanto à durabilidade.
[ ] José descobriu que o tênis da Nike tem menos reclamações e também lembrou que seu tio comprou um excelente tênis da Adidas há mais de três anos.
[ ] José rasgou seu tênis ao ir fazer uma trilha durante o final de semana.

Agora, assinale a alternativa que apresenta a sequência correta:
a. I, II, III, IV.
b. II, III, IV, I.
c. IV, II, III, I.
d. IV, III, II, I.
e. II, IV, I, III.

2. Conforme Camargo (2014), vieses cognitivos são tendências psicológicas que nos fazem tirar conclusões erradas e gerar comportamentos distorcidos ou não racionais nem lógicos. Existem diversos tipos de vieses. Sobre eles, relacione corretamente o tipo de viés a seu conceito:

I. Efeito *bandwagon*.
II. Aversão à perda.
III. Vieses biológicos.
IV. Viés da ancoragem.

( ) As pessoas costumam se preocupar muito mais com a perda de algo do que com o ganho.
( ) Os hormônios corporais e cerebrais afetam os processos cognitivos e comportamentais das pessoas.
( ) As pessoas tendem a se apoiar fortemente em uma informação dada anteriormente.
( ) Tipo de viés que leva as pessoas a agirem da mesma maneira que as demais.

A seguir, assinale a alternativa que apresenta a sequência correta:

a. I, II, III, IV.
b. IV, III, II, I.
c. II, III, IV, I.
d. III, II, I, IV.
e. II, IV, I, III.

3. É fato que há diferenças na forma como os cérebros masculino e feminino processam a linguagem, as informações, as emoções, os conhecimentos etc. Nessa ótica, leia as características a seguir e indique se, em geral, podem ser relacionadas às mulheres ou aos homens, inserindo nos espaços entre parênteses as letras M ou H.

( ) Gostam de sociabilizar.
( ) São multitarefas.
( ) Tem facilidades com mapas.
( ) Tem objetividade na hora das compras.

A seguir, selecione a alternativa que apresenta a sequência correta:

a. M, M, H, H.
b. M, H, M, H.
c. H, H, M, M.
d. H, M, H, M.
e. M, M, M, H.

4. Por que é tão importante para o marketing entender o processo de tomada de decisão?
5. Segundo Feldman, Forrest e Happ (2002), a cada dez minutos de conversa, as pessoas contam três mentiras em média. Explique por que essa informação é importante para quem trabalha com pesquisas de marketing.

Questões para reflexão

1. Homens e mulheres são diferentes quanto ao que priorizam, ao que querem, a como se comportam e se comunicam. Contudo, precisamos ter em mente que, no que se refere aos seus diretos, devem ser tratados de igual maneira. O que nós podemos fazer em relação a isso na busca de uma sociedade mais igualitária?

Para saber mais

No artigo indicado a seguir, os autores fizeram uma pesquisa sobre os conceitos de atenção, memória e percepção, avaliando como tais elementos influenciam o comportamento do consumidor.

ENDO, A. C. B.; ROQUE, M. A. B. Atenção, memória e percepção: uma análise conceitual da neuropsicologia aplicada à propaganda e sua influência no comportamento do consumidor. Intercom: Revista Brasileira de Ciências da Comunicação, v. 40, n. 1, p. 77-96, jan./abr. 2017 Disponível em: <https://www.scielo.br/scielo.php?pid=S1809-58442017000100077&script=sci_arttext>. Acesso em: 24 set. 2021.

Vivian Ariane Barausse de Moura

04 As fases evolutivas do comportamento humano

● Conteúdos do capítulo:
- As fases da evolução do comportamento humano.
- O desenvolvimento inicial das pessoas.
- Processo de amadurecimento: entrando na adolêcencia.
- A fase mais ativa de uma pessoa: adulta.

● Após o estudo deste capítulo, você será capaz de:
1. compreender que a evolução do comportamento humano é composta por fases e que em cada uma delas temos comportamentos distintos;
2. relacionar as teorias do desenvolvimento que oferecem recursos e análises de intervenção para qualquer profissional que atue com pessoas;
3. entender que em cada fase das nossas vidas temos interesses diferentes que nos direcionam a padrões de consumo variados.

○ As fases evolutivas do comportamento humano

4.1 Evolução do comportamento humano

A psicologia evolutiva é a área da ciência que estuda o comportamento humano, relacionando o estudo da psicologia, da biologia e da neurociência. Os psicólogos que trabalham com a linha evolucionista buscam explicar as emoções, os pensamentos e as respostas referentes à evolução das pessoas com base na teoria da evolução por meio da seleção natural de Charles Darwin[1], da mesma forma como os biólogos evolucionistas explicam as características físicas de um organismo.

A psicologia evolucionista defende que nossos ancestrais que tinham habilidades psicológicas transmitiram esses traços comportamentais para as gerações futuras, resultando em uma população de descendentes que, então, teve esses comportamentos adaptados. As habilidades psicológicas, como ler as intenções dos outros, fazer amigos e ganhar confiança, são conhecidas por ajudar uma pessoa ao longo da vida. Para simplificar a linha evolucionista, com base em Lefrançois (2016), os profissionais que atuam e pesquisam nessa área, defendem que as habilidades são herdadas e estão enraizadas no cérebro, a partir de circuitos neurais profundamente complexos no cérebro.

O desenvolvimento humano típico é um processo previsível – a maioria dos humanos desenvolve-se em taxas semelhantes. Esse padrão nos permite fazer generalizações sobre diferentes estágios, como primeira infância, infância, adolescência e idade adulta.

Por sua vez, as tendências comportamentais inatas costumam ser acrescidas por informações de nossa cultura, família e fatores individuais, mas o princípio da psicologia evolutiva é de que os mecanismos neurais subjacentes são moldados por forças evolutivas. A seguir, vamos

---

1 De acordo com Darwin (1859), os organismos mais bem adaptados ao meio têm maiores chances de sobrevivência do que os menos adaptados, os quais deixam um número maior de descendentes.

detalhar alguns dos princípios da psicologia evolutiva, de acordo com Baum (2006):

- O cérebro é um sistema físico que instrui o ser humano a se comportar de maneira apropriada e adaptável ao seu ambiente.
- O circuito neural do cérebro ajuda a resolver problemas de maneira adequada. As maneiras específicas pelas quais o circuito neural é construído foram direcionadas pela seleção natural ao longo das gerações.
- A maioria dos comportamentos psicológicos é determinada subconscientemente por circuitos neurais, e você praticamente não tem consciência desses processos subconscientes. Você confia na tomada de decisões consciente para guiá-lo em sua vida diária e pode estar ciente das conclusões resultantes do circuito neural complexo, embora permaneça inconsciente do processo subjacente envolvido (ex.: dirigir).
- Os circuitos neurais do cérebro são especializados para resolver diferentes problemas adaptativos. Por exemplo, o circuito envolvido na visão não é o mesmo quando algo causa mal-estar em seu estômago e você precisa vomitar.
- A mente é baseada em mudanças adaptativas.

As habilidades comportamentais iniciaram com uma ação relativamente simples ao nosso entendimento: a linguagem. Em algum momento, o homem desenvolveu habilidades de linguagem, e essa capacidade de comunicar pensamentos foi benéfica para a sobrevivência humana. A partir disso, as habilidades de aquisição da linguagem evoluíram e avançaram por meio do processo de seleção natural (Baum, 2006).

Os psicólogos evolucionistas argumentam que as habilidades linguísticas avançadas contribuem para a segurança, sobrevivência e reprodução de uma pessoa. No entanto, o(s) idioma(s) que você aprende depende(m) do idioma falado em sua casa e em sua vizinhança, o que denota a importância da contribuição cultural.

Agora, vamos analisar alguns aspectos dessa evolução nas fases da nossa vida.

4.1.1 Fase infantil

O conceito de infância sofreu alterações significativas ao longo da história, pois, até o século XII, as taxas de mortalidade infantil eram muito altas devido às condições precárias. O interesse no campo do desenvolvimento infantil começou a surgir no início do século XX, direcionado a comportamentos que fugiam do que era considerado padrão. Entretanto, conforme defende Heywood (2004), à medida que ocorriam as evoluções na sociedade, os pesquisadores tornaram-se cada vez mais interessados em outros tópicos, como o desenvolvimento infantil típico e as influências que incidiam sobre o desenvolvimento.

A fase infantil, conforme descrevem Bee e Boyd (2011), é o primeiro estágio importante do desenvolvimento humano. Muitos marcos físicos ocorrem durante esse estágio, à medida que uma criança ganha controle sobre seu corpo. No entanto, os bebês precisam contar com outras pessoas para atender à maioria de suas necessidades. Eles aprendem a confiar nos outros conforme as necessidades são atendidas e precisam sentir essa segurança para se desenvolverem emocional e fisicamente de maneira adequada.

O próximo estágio do desenvolvimento humano ocorre quando as crianças começam a explorar e desenvolver um senso de independência. Eventualmente, as crianças aprendem a tomar suas próprias decisões e descobrem que suas ações têm consequências. À medida que aprendem e crescem, desenvolvem um senso de identidade.

As crianças precisam ser nutridas para que desenvolvam autoconfiança em vez de problemas de autoestima, o que as ajuda a se manterem motivadas. Além disso, precisam de orientação à medida que começam a testar novas habilidades e ganham confiança na tomada de decisões.

Existem muitas teorias de desenvolvimento infantil propostas por teóricos e pesquisadores que se distribuem entre linhas behavioristas, evolucionistas e cognitivistas. As mais recentes delineiam os estágios de desenvolvimento das crianças e identificam as idades típicas em que ocorrem esses marcos de crescimento.

Teoria do desenvolvimento psicossexual de Freud

De acordo com a teoria psicossexual de Freud (1980a, 1980b, 1980c), o desenvolvimento infantil ocorre em estágios relacionados a diferentes áreas de prazer do corpo; em cada um desses, a criança passa por conflitos que serão significativos para seu desenvolvimento.

A teoria de Freud (1980a, 1980b, 1980c) sugere que a energia da libido se concentra em diferentes zonas erógenas em estágios específicos. Alguma situação que implique falha na progressão de qualquer estágio pode resultar na fixação naquele ponto do desenvolvimento, o que Freud acreditava que poderia ter uma influência sobre o comportamento adulto. Nesse sentido, ocorre uma força que leva o organismo a realizar tarefas que a criança não tem como conter, chamada por Freud de *pulsão*.

Essa descarga traz à criança uma sensação de prazer à qual Freud vinculou o termo *sexual*. Para ele, as pulsões sexuais abrangem as manifestações afetuosas e amistosas, isto é, que proporcionam satisfação para as pessoas. Nesse sentido, a expressão *sexualidade* é atribuído a uma satisfação que ultrapassa o prazer obtido nas relações sexuais.

Toda manifestação da sexualidade envolvendo homem ou mulher abrange movimentos construtivos e destrutivos, denominados, respectivamente, pulsão de vida e pulsão de morte. Tais sentidos estão presentes no psiquismo de todas as pessoas, e sua predominância depende das situações vividas por cada uma. A pulsão de vida está presente nas ações construtivas e solidárias tanto para o indivíduo quanto para os demais, enquanto as de morte se apresentam nas ações que comportam alguma agressividade tanto para si quanto para os outros. Nenhuma dessas pulsões é consciente e ambas exigem que cada pessoa imponha um limite a suas ações.

No entanto, ocorre que, muitas vezes, as crianças se deixam dominar por suas pulsões, das quais advém, logo em seguida, o arrependimento. Isso se deve ao fato de elas estarem aprendendo a se controlar. Portanto, cabe ao professor nomear os sentimentos dos alunos, explicando os acontecimentos tanto bons quanto ruins, com o intuito de levá-los a procurar o sentido de suas ações.

Ainda segundo Freud (1980a, 1980b, 1980c), nossa vida mental é composta por três partes: id, ego e superego. O id corresponde justamente à parcela das pulsões cujos conteúdos são em parte hereditários e inatos e em parte adquiridos e recalcados. São conteúdos inconscientes e que pressionam o ego para obter o que desejam. O ego busca adequar o psiquismo do ser humano, gerando mecanismos de defesa que são restrições ao id e determinando imposições ao superego, tal que opera uma mediação entre as pulsões daquele e as exigências deste. O superego, por sua vez, é um agente psíquico que se constitui de influências vindas dos pais, dos educadores ou das leis. Por possuir a tarefa de censor, por vezes impõe proibições exageradas, cabendo ao ego avaliá-las e limitá-las somente se colocarem o organismo em risco.

Veja um exemplo simples para entendermos o funcionamento dessas três partes. Você está no supermercado comprando algo para comer, pois está faminto, mas percebeu que esqueceu a carteira em casa. O id sugere que você roube um pacote de bolacha, mas o superego surge para lembrar que roubar é errado. Então, o ego encontra uma solução: falar com o gerente o que aconteceu para verificar se ele lhe permite pegar a bolacha e voltar mais tarde para pagar por ela.

A mediação que o ego faz serve de energia, denominada *libido* por Freud (1980a, 1980b, 1980c). Algumas regiões do corpo são destacadas como fontes geradoras de libido, as zonas erógenas. A excitabilidade dessas zonas determina a fase do desenvolvimento em que a criança se encontra:

- Fase oral (do nascimento até completar um ano): região constituída por boca, garganta e lábios. A primeira atividade do bebê é mamar. Nessa fase, tudo o que a criança deseja é satisfazer a pulsão oral e levar à boca tudo o que está ao alcance.
- Fase anal (aproximadamente aos dois anos): vinculada à função excretória ou relativa ao controle dos esfíncteres. O controle do esfíncter e da bexiga não é fácil, ou seja, não depende só do desejo criança. Nesse estágio, o indivíduo manifesta certo prazer em agressões voltadas a si mesmo e a seus colegas. Cabe ao professor e aos pais orientá-lo para conter essa agressividade.
- Fase fálica (aproximadamente aos três anos): o interesse recai sobre os órgãos sexuais. Ocorre o interesse na diferença sexual, em que a criança se aproximada mais dos pais. O ego já estabelece relações com pessoas e coisas. A criança começa a manifestar atitudes de ciúmes, medo e rivalidade, além de denotar interesse pelo progenitor do sexo oposto, isto é, a menina passa a querer estar mais com o pai e nutre sentimentos ambivalentes em relação à mãe, e o menino deseja cuidar da mãe e nutre sentimentos ambivalentes em relação ao pai. Esse cenário representa um conflito chamado por Freud de *conflito de Édipo*.
- Fase da latência (aproximadamente dos cinco ou seis anos até a puberdade): o mecanismo que inicia a latência é a repressão. A libido que estava focada no prazer no próprio corpo se desloca para objetos fora do corpo da criança.
- Adolescência: nessa fase, a pulsão sexual gera uma nova manifestação. Além do mecanismo de sublimação, o adolescente passa a obter satisfação por manter relações sexuais. O ego recorre a outros mecanismos de estabilização, entre eles, a identificação e a intelectualização.

Teoria do desenvolvimento psicossocial de Erikson

A teoria psicanalítica foi muito influente durante a primeira metade do século XX. Alguns pesquisadores, inspirados e influenciados pelas teorias propostas por Freud, continuaram expandindo suas ideias e desenvolveram teorias próprias. Entre esses neofreudianos, destacamos Erik Erikson.

Erikson propôs a teoria do desenvolvimento psicossocial, que ocorre em oito fases e descreve o crescimento e a mudança ao longo da vida. Os focos recaem sobre a interação social e os conflitos que surgem durante os diferentes estágios de desenvolvimento. A diferença entre a teoria de Freud e a do desenvolvimento psicossocial é que, em vez de focar no interesse sexual como força motriz do desenvolvimento, Erikson acreditava que a interação social e a experiência desempenham papéis decisivos.

Essa teoria psicossocial se baseia no desenvolvimento ao longo de toda a vida, sendo que, em cada estágio, as pessoas enfrentam um conflito de desenvolvimento que afeta o funcionamento posterior e o crescimento futuro, enfim, uma crise de desenvolvimento que funciona como um importante ponto de inflexão (Erikson, 1998). De acordo com o autor, o gerenciamento dos desafios e o sucesso de cada estágio levam ao surgimento de uma virtude psicológica para toda a vida.

Teorias de desenvolvimento infantil comportamental

Ainda na primeira metade do século XX, surgiu outra escola de pensamento, conhecida como *behaviorismo*, para a qual a psicologia, para se tornar uma disciplina mais científica, precisava se concentrar apenas em comportamentos capazes de serem observados e quantificados.

De acordo com o behaviorismo, o comportamento humano pode ser descrito usando as influências ambientais. Conforme expõe Moreira (1999), as teorias behavioristas (comportamentais) do desenvolvimento infantil concentram-se em analisar como a interação ambiental influencia o comportamento e baseiam-se nas pesquisas de estudiosos como John B. Watson, Guthrie, Thorndike, Hull, Ivan Pavlov e B. F. Skinner. Nesse sentido, por abordar os comportamentos observáveis, essa teoria considera o desenvolvimento um mecanismo de reação a recompensas, punições, estímulos e reforços.

O behaviorismo é diferente das outras teorias do desenvolvimento infantil porque não leva em consideração pensamentos ou sentimentos internos, mas, pelo contrário, utiliza a experiência. Por meio dessa abordagem, dois tipos de aprendizagem são destacados o condicionamento respondente e o condicionamento operante.

De acordo com Moreira (1999), o procedimento de introduzir um reforçador positivo logo após a resposta que resulta no aumento na frequência dessa mesma resposta é chamado *condicionamento*.

O condicionamento respondente envolve o aprendizado emparelhando um estímulo natural com um estímulo previamente neutro – retomando o exemplo da dobradinha, a pessoa, só de sentir o cheiro, fica enjoada. Já o condicionamento operante utiliza um mecanismo de reforço e punição para modificar comportamentos. Um exemplo de reforço é uma situação em que um professor elogia seu aluno por uma boa nota e este quer repetir seu comportamento para ser elogiado novamente. Por sua vez, uma punição ocorre, a título de ilustração, quando uma pessoa é multada e perde pontos na carteira por excesso de velocidade, o que a leva (pelo menos por um tempo) a não repetir esse comportamento.

A seguir, no Quadro 4.1, apresentamos algumas características de cada um dos comportamentos analisados.

Quadro 4.1 – Os condicionamentos

Condicionamento respondente	Condicionamento operante
A principal característica desse condicionamento é que o estímulo não natural provoca uma resposta fisiológica ou emocional.	O comportamento modifica-se pelo efeito que provoca no ambiente, isto é, por suas consequências.
As reações fisiológicas podem ser provocadas por eventos completamente artificiais do ambiente, além do estímulo natural.	Trata-se de uma ação voluntária, faz parte do repertório comportamental dos sujeitos, depende da musculatura estriada do organismo e ocorre sem que, muitas vezes, seja possível detectar algum estímulo específico.
Essas reações são reflexos dos eventos.	
Respostas aos estímulos que são provocados pelo meio externo geram a ativação de necessidades fisiológicas ou afetivas.	Para Skinner, muito do que denominamos *hábitos* passa por condicionamento operante, e a maior parte do comportamento humano é aprendida por esse meio.
	Pode ser modificado pelas consequências: comportamentos novos podem ser aprendidos e antigos podem ser modificados.

Teoria do desenvolvimento cognitivo de Piaget

Essa teoria de Piaget tem como foco o desenvolvimento dos processos de pensamento de uma pessoa. Além disso, examina de que forma eles influenciam a forma como entendemos e interagimos com o meio externo. Segundo Moreira (1999, p. 95), "Piaget é, sem dúvida, o pioneiro do enfoque construtivista à cognição humana. Suas propostas configuram uma teoria construtivista do desenvolvimento cognitivo humano", que busca descrever e explicar o desenvolvimento dos processos de pensamento e estados mentais, bem como analisar nossa interação e a maneira como entendemos o mundo.

Segundo Moreira (1999), o teórico suíço propôs uma teoria do desenvolvimento cognitivo para explicar as etapas e a sequência do desenvolvimento intelectual das crianças:

- **Estágio sensório-motor**: período de tempo entre o nascimento e os dois anos de idade, durante o qual o conhecimento do mundo de uma criança é limitado a suas percepções sensoriais e atividades motoras. Os comportamentos restringem-se a respostas motoras causadas por estímulos sensoriais (Moreira, 1999).
- **Estágio pré-operacional**: estágio entre 2 e 6 anos de idade, ao longo do qual a criança aprende a usar a linguagem. Durante esse estágio, as crianças ainda não entendem a lógica concreta, não conseguem manipular as informações mentalmente e são incapazes de assumir o ponto de vista de outras pessoas (Moreira, 1999).
- **Estágio operacional concreto**: fase entre as idades de 7 e 11 anos, em que as crianças adquirem uma melhor compreensão das operações mentais e começam a pensar logicamente sobre eventos concretos, mas ainda têm dificuldades em compreender conceitos abstratos ou hipotéticos (Moreira, 1999).
- **Estágio operacional formal**: período entre 12 anos e a idade adulta, quando as pessoas desenvolvem a capacidade de pensar em conceitos abstratos. Habilidades como pensamento lógico, raciocínio dedutivo e planejamento sistemático também se aprimoram durante esse estágio (Moreira, 1999).

Teoria do apego de Bowlby

Uma das primeiras teorias sobre o desenvolvimento social das crianças foi proposta por John Bowlby, para quem os relacionamentos iniciais de cuidado desempenham papel importante no desenvolvimento infantil e continuam a influenciar os relacionamentos sociais ao longo da vida.

Na teoria do apego, as crianças nascem com uma necessidade inata de formar laços, os quais auxiliam na sobrevivência e garantem que elas recebam cuidado e proteção. Além disso, esses apegos são caracterizados por padrões tanto comportamentais quanto motivacionais.

Nesse sentido, os cuidadores também adotam comportamentos concebidos para garantir a proximidade. As crianças acabam esforçando-se para ficar perto e conectadas a seus cuidadores, que, por sua vez, fornecem um refúgio e uma base segura para exploração.

Alguns pesquisadores continuaram expandindo o trabalho original de Bowlby e sugeriram que existem diferentes estilos de fixação. As crianças que recebem apoio e cuidados consistentes têm maior probabilidade de desenvolverem um estilo de apego seguro, enquanto aquelas que recebem cuidados menos confiáveis podem desenvolver um estilo ambivalente, evasivo ou desorganizado.

Teoria sociocultural de Vygotsky

Lev Vygotsky foi um psicólogo proponente da psicologia cultural-histórica que se tornou muito influente, especialmente no campo da educação. Como Piaget, Vygotsky acreditava que as crianças aprendem ativamente e por meio de experiências práticas. Assim, ele propôs a teoria sociocultural, segundo a qual pais, cuidadores, colegas e a cultura em geral, por meio das interações, são responsáveis pelo desenvolvimento de funções de ordem superior.

De acordo com Moreira (1999, p. 109), "o desenvolvimento cognitivo não pode ser entendido sem referência ao contexto social e cultural no qual ele ocorre", pois a aprendizagem é um processo inerentemente social. Assim, por meio da interação com outras pessoas, o aprendizado integra-se à compreensão do mundo de um indivíduo.

Essa teoria do desenvolvimento infantil desenvolveu o conceito de zona de desenvolvimento proximal, "que é a distância entre o nível de desenvolvimento cognitivo real do indivíduo, tal como medido por sua capacidade de resolver problemas independentemente, e o seu nível de desenvolvimento potencial, tal como medido através da solução de problemas ou de colaboração com companheiros mais capazes" (Vygotsky citado por Moreira, 1999, p. 116). Em suma, é com a ajuda de outras pessoas mais bem informadas que somos capazes de aprender progressivamente e aumentar nossas habilidades e o alcance de nossa compreensão.

4.1.2 Fase juvenil

A fase juvenil é popularmente conhecida como *adolescência* e se destaca pela transição da infância para a idade adulta. Além disso, ocorrem muitas mudanças, tanto no corpo como na forma pela qual o adolescente se relaciona com o mundo. As muitas mudanças físicas, sexuais, cognitivas, sociais e emocionais que acontecem durante esse período podem trazer expectativa e ansiedade para as crianças e suas famílias. Nesse sentido, em relação à nossa área de estudo, que é o marketing, compreender o que esperar em diferentes estágios pode auxiliar a desenvolver estratégias específicas.

Baum (2006) destacou algumas fases desse período, que são detalhadas na sequência.

Adolescência precoce: de 10 a 13 anos

Nessa fase, o processo de crescimento ocorre de maneira mais acelerada e também se iniciam as mudanças corporais, como o surgimento de pelos embaixo dos braços e próximo aos órgãos genitais. Nos meninos, ainda ocorre o aumento dos testículos, e nas meninas, o desenvolvimento dos seios.

O corpo começa a se desenvolver geralmente mais cedo nas meninas. Pode ser normal ocorrerem algumas mudanças a partir dos 8 anos, nas meninas, e dos 9 anos, nos meninos. A menstruação pode ocorrer, em média, de 2 a 3 anos após o início do desenvolvimento dos seios, que ocorre por volta dos 12 anos. Essas mudanças corporais podem gerar curiosidade e ansiedade, principalmente se os meninos e as meninas não sabem o que esperar. Em algumas crianças, podem iniciar os questionamentos sobre a identidade de gênero, e esse período costuma ser bem complicado para crianças *trans*.

Em geral, esse estágio é marcado por um pensamento de "ou 8 ou 80", isto é, dicotomias como coisas certas ou erradas, boas ou ruins. Os jovens tendem a ter pensamentos centrados em si mesmo, o que é denominado *egocentrismo*. Alguns pré-adolescentes e adolescentes costumam ter vergonha da sua aparência e têm a sensação de estarem sempre sendo julgados por seus colegas e pelos demais – nessa fase, a opinião dos colegas é muito importante. Ainda, costumam ter necessidade maior de privacidade e começam a explorar formas de serem independentes da família. Podem extrapolar limites e reagir aos pais ou responsáveis se tais limites forem reforçados.

Meia adolescência: de 14 a 17 anos

As mudanças físicas que se iniciaram na puberdade continuam com força total nessa fase. A maioria dos meninos já iniciou o crescimento, pois é a etapa de vida em que eles "esticam". Também pode ocorrer a falha da voz – aquela famosa expressão "voz de taquara rachada" – e o desenvolvimento de acne. Nas meninas, as mudanças físicas podem ser quase completas. A maioria já passa pelos períodos regulares de menstruação.

Muitos adolescentes começam a explorar os relacionamentos românticos e sexuais e sua identidade sexual, a qual pode, inclusive, ser questionada por eles. Isso pode ser estressante e gerar traumas se não contarem com o apoio da família ou de colegas. Outra forma propagada pelos adolescentes na exploração da sexualidade e do sexo é a autoestimulação, também conhecida como *masturbação*.

Vários adolescentes costumam passar por uma fase de revolta, em que há constantes discussões com os pais. Além disso, lutam por mais independência, querem passar menos tempo com a família e mais com os amigos. Nessa fase, são extremamente preocupados com a aparência e a pressão dos colegas ou com o que é propagado pela sociedade.

Em relação à mudança cerebral, esse órgão está em constante amadurecimento, sendo que os lobos frontais são as últimas áreas do cérebro que amadurecem. Estima-se que, em geral, o desenvolvimento não se completa até que a pessoa faça 20 anos. Obviamente, assim como todo desenvolvimento, isso pode mudar de indivíduo para indivíduo. Os lobos frontais são fundamentais na coordenação de tomadas de decisões complexas, no controle de impulsos e na capacidade de considerar várias opções e consequências.

Na adolescência intermediária, os indivíduos são mais capazes de pensar abstratamente e visualizar o quadro geral, mas muitos ainda não têm a capacidade de aplicar esse capacidade. Por exemplo, em certas situações, crianças no meio da adolescência podem pensar em coisas como:

- *Estou indo bem em Química e realmente quero ver esse filme. Ficar sem estudar uma noite (geralmente antes da prova) não importa.*
- *Eu realmente tenho que usar camisinha durante o sexo se minha namorada toma anticoncepcional?*
- *As bebidas alcoólicas são vendidas legalmente, então não pode ser tão ruim.*

Embora possam seguir a lógica de evitar riscos fora dessas situações, emoções fortes geralmente continuam a guiar suas decisões quando os impulsos entram em ação.

Adolescência tardia: de 18 a 21 e além

Os adolescentes classificados como *tardios* completaram o desenvolvimento físico e cresceram até sua altura adulta completa. Em geral, possuem mais controle sobre seus impulsos e podem ser capazes de avaliar riscos e recompensas. Em comparação com os adolescentes do meio, os jovens no final da adolescência podem se pegar pensando:

- *Embora eu ame os filmes da Marvel, preciso estudar para a prova.*
- *Eu devo usar camisinha. Mesmo que minha namorada use anticoncepcional, isso não previne a gravidez em 100%, além de prevenir as DST's.*
- *Embora as bebidas alcoólicas sejam vendidas legalmente, estou preocupado com o fato de que beber sem controle pode afetar minha vida.*

O estágio de avançar à idade adulta compreende a identificação dos próprios valores, em que os indivíduos podem apresentar um senso mais forte de individualidade, pois estão mais focados em seu futuro e tendem a basear as decisões em seus ideais e em suas esperanças. Isso reflete nas amizades e nos relacionamentos, que se tornam mais estáveis.

Nessa fase, costuma ocorrer o distanciamento em relação à separação física e emocional da família, e muitos acabam estabelecendo um relacionamento maduro com seus pais, tendo-os como pessoas a quem recorrer para pedir conselhos e discutir assuntos.

4.1.3 Fase adulta (até 28 anos)

O início da idade adulta geralmente se dá entre 20 e 30 anos. As pessoas que estão na casa dos 30 anos podem adorar saber que são jovens adultos! Quando chegamos à idade adulta, nossa maturação física está completa, nossas habilidades físicas estão no auge, incluindo força muscular, tempo de reação, habilidades sensoriais e funcionamento cardíaco. A maioria dos atletas profissionais está no auge durante esse estágio e algumas mulheres têm filhos no início da idade adulta.

É um momento em que estamos em nosso pico fisiológico, mas corremos o maior risco de envolvimento em crimes violentos e abuso de substâncias. Os indivíduos focam no futuro e colocam muita energia em fazer escolhas que ajudarão a conquistar o *status* de um adulto pleno aos olhos dos outros.

Amor e trabalho são as principais preocupações nessa etapa. Nas últimas décadas, Arnett (2011) observou, nos EUA e em outros países, que os jovens adultos estão demorando mais para "crescer". Eles estão esperando mais tempo para deixar a casa dos pais, terminar a educação formal, trabalhar, casar e ter filhos.

Arnett (2011) propôs, assim, que há um novo estágio de desenvolvimento após a adolescência e antes do início da idade adulta, denominado *idade adulta emergente*, que vai dos 18 aos 25 (ou mesmo 29), quando os indivíduos ainda estão explorando suas identidades e ainda não se sentem bem como adultos. Trabalho, cultura, tempo na história, economia e *status* socioeconômico podem ser fatores-chave quando os jovens assumem papéis adultos.

4.1.4 Fase adulta (até 49 anos)

O processo de envelhecimento começa nessa fase. Por volta dos 30 anos, muitas mudanças passam a ocorrer em diferentes partes do corpo. Por exemplo, a lente do olho começa a endurecer e engrossar, resultando em alterações na visão, o que geralmente afeta a capacidade de focalizar objetos próximos. A sensibilidade ao som diminui; isso acontece duas vezes mais rápido para homens do que para mulheres. O cabelo pode começar a rarear e tornar-se grisalho por volta dos 35 anos, embora isso possa acontecer mais cedo para alguns e mais tarde para outros.

A pele fica mais seca e as rugas começam a aparecer no final da idade adulta. O sistema imunológico torna-se menos apto a combater doenças e a capacidade reprodutiva começa a declinar. Esse é um período em que o envelhecimento fisiológico que começou mais cedo se torna mais perceptível, mas também há muitas pessoas que estão no auge da produtividade no amor e no trabalho.

Pode ser um período de ganho de experiência em determinados campos e de capacidade de entender problemas e encontrar soluções com maior eficiência do que antes. Também pode ser um momento de nos tornarmos mais realistas sobre as possibilidades da vida, bem como de reconhecer a diferença entre o que é possível e o que é provável.

É conhecida como a "geração sanduíche", pois os adultos de meia-idade podem estar cuidando de seus filhos e também de seus pais idosos. Enquanto se preocupam com os outros e com o futuro, tais adultos também podem questionar sua própria mortalidade, além de objetivos e compromissos, embora não necessariamente passem por uma "crise de meia-idade".

Os principais gatilhos para uma crise de meia-idade incluem problemas com o trabalho e/ou no casamento, filhos crescendo e saindo de casa ou envelhecimento/morte dos pais. Nesse sentido, esse estágio envolve a reflexão sobre a contribuição que o indivíduo está dando ao mundo.

4.1.5 Fase adulta (acima de 49 anos)

O processo de envelhecimento que começou na etapa anterior se torna mais aparente por volta dos 60 anos. Os olhos perdem a capacidade de se ajustar a objetos a distâncias variáveis, o que é conhecido como *presbiopia*. A maioria das pessoas entre 40 e 60 anos precisa de algum tipo de lente corretiva para problemas de visão. A audição também diminui, a pele continua a ressecar e tende a ficar mais enrugada, principalmente na área sensível do rosto.

As mulheres experimentam um declínio gradual na fertilidade conforme se aproximam do início da menopausa – o fim do ciclo menstrual –, que ocorre por volta dos 50 anos de idade. Esse processo envolve mudanças hormonais e pode durar de seis meses a cinco anos. Por conta da mudança nos níveis hormonais, as mulheres que estão passando pela menopausa costumam apresentar uma série de outros sintomas, como ansiedade, memória fraca, incapacidade de concentração, humor depressivo, irritabilidade, alterações de humor e menos interesse na atividade sexual.

Esse período da vida, o final da idade adulta, aumentou nos últimos cem anos, principalmente nos países industrializados, à medida que também ocorreu um aumento na expectativa média de vida. Tal estágio cobre uma ampla faixa etária, com muitas variações. Por isso, é útil dividi-lo em categorias como: velho jovem (65-74 anos); velho velho (75-84 anos); e mais velho (85+ anos).

Os velhos jovens são semelhantes aos adultos de meia-idade. Possivelmente, ainda trabalham, estão casados, são relativamente saudáveis e ativos, embora possam ter alguns problemas de saúde e desafios nas atividades da vida diária. Já os mais velhos são frequentemente frágeis e precisam de cuidados de longa duração.

Contudo, uma maneira melhor de avaliar a diversidade dos adultos mais velhos é ir além da idade cronológica e examinar se o indivíduo está experimentando um envelhecimento ideal, com saúde, e uma vida ativa e estimulante. É preciso analisar se se trata de um envelhecimento normal, em que as mudanças são semelhantes às da maioria das pessoas da mesma idade, ou de um envelhecimento prejudicado, isto é, com mais desafios físicos e doenças do que outros da mesma idade.

Merece destaque

Como passamos tantos anos na idade adulta, as mudanças cognitivas são numerosas durante esse período. Na realidade, a pesquisa de Baum (2006) sugere que o desenvolvimento cognitivo do adulto é um processo complexo e em constante mudança, bem como que tal processo pode ser ainda mais ativo do que o desenvolvimento cognitivo na primeira infância.

Listamos neste capítulo alguns dos pensadores da psicologia, pois eles desenvolveram algumas teorias que ajudam a explicar os diferentes aspectos que envolvem o desenvolvimento humano. Embora não sejam todas aceitas, elas tiveram uma importante influência na compreensão do comportamento humano.

Entender alguns princípios fundamentais da psicologia pode levar seu marketing de bom a incrível, tudo porque o público certo está lendo, identificando-se com ele e, muito provavelmente, também convertendo. É mais difícil criar uma estratégia de marketing atraente, por exemplo, se você não sabe por que ela seria atrativa para o seu público.

Antes de entrar nos detalhes táticos do marketing (por exemplo, a segmentação de mercado), é realmente útil compreender de que maneira as pessoas se comportam. Não importa quão lógica e calculada seja sua abordagem às vendas, pois o centro de cada interação é o relacionamento entre a campanha e seu público. E para realmente se conectar com as pessoas desse público, você deve, primeiro, entender quais são os instintos que as impulsionam quando estão comprando.

Como seres humanos, somos menos inclinados a responder a táticas criadas apenas com números e hipóteses em mente, e mais propensos a responder a mensagens que falam aos instintos e aos nossos comportamentos inatos. Embora cada comprador seja único, estudamos neste capítulo algumas tendências humanas essenciais, observadas por meio da psicologia e da sociologia, que podem nos ajudar a entender melhor o que atrai a maioria do seu mercado.

Para ser mais assertivo em suas estratégias de marketing, o ideal é recorrer a uma variedade de teorias e perspectivas, a fim de entender como os indivíduos se comportam e pensam dentro de cada faixa etária. No entanto, as teorias que apresentamos trazem apenas alguns subsídios referentes às diferentes maneiras de pensar sobre a evolução do comportamento humano. Na realidade, compreender exige a observação de muitos fatores diferentes que influenciam a evolução física e psicológica, uma vez que os genes, o ambiente e as interações determinam como os indivíduos evoluem tanto física quanto mentalmente.

Síntese

Neste capítulo, abordamos os aspectos relativos ao desenvolvimento do comportamento humano, afinal, uma parte importante de ser um bom profissional de marketing é entender como e por que as pessoas pensam e agem da maneira como agem, o que essencialmente as explicações das teorias da psicologia procuram fornecer.

Destacamos as teorias que embasam a evolução do comportamento humano a partir das noções apresentadas pela psicologia e pela sociologia, as quais abrangem as fases infantil, juvenil e adulta – e em cada uma dessas fases, há comportamentos distintos que nos direcionam a padrões de consumo diferentes. Nesse sentido, as teorias nos auxiliam a explicar diferentes aspectos do desenvolvimento humano e, com base nesse conhecimento, criam-se subsídios necessários para qualquer profissional que atue com pessoas.

Questões para revisão

1. A comunicação ainda é um aspecto complexo no que diz respeito às ações humanas. Nessa ótica, para estabelecer uma comunicação eficiente, é fundamental compreender as particularidades dos agrupamentos humanos. Sobre o comportamento do consumidor e os aspectos dos processos de marketing, analise as assertivas a seguir e indique V para as verdadeiras e F para as falsas:

    ( ) Compreende entender o mercado com base nas necessidades e nos desejos dos clientes.
    ( ) Gera opções de estratégias que abordem as questões direcionadas.
    ( ) Nas campanhas de marketing, não é necessário selecionar clientes aos quais servir, afinal, independentemente da faixa etária em que nos encontramos, consumimos e queremos as mesmas coisas.

( ) Determina uma proposição de valor: diferenciação e posicionamento.
( ) A percepção que o consumidor tem a respeito do desempenho do produto ou serviço não altera suas expectativas.

Agora, assinale a alternativa que apresenta a sequência correta:

a. V, V, V, V, V.
b. V, V, V, F, V.
c. F, F, V, V, F.
d. V, V, F, F, V.
e. V, V, F, V, F.

2. O behaviorismo é diferente das outras teorias do desenvolvimento infantil porque não leva em consideração pensamentos ou sentimentos internos; pelo contrário, utiliza a experiência. A partir dessa abordagem de desenvolvimento, assinale a alternativa que indica corretamente o(s) tipo(s) de aprendizagem mais destacado(s):

a. Aprendizagem significativa.
b. Aprendizagem linguística.
c. Condicionamento neural e condicionamento respondente.
d. Condicionamento neural e condicionamento operante.
e. Condicionamento respondente e condicionamento operante.

3. Qual das habilidades comportamentais a seguir foi essencial para o desenvolvimento e para a sobrevivência humana?

a. Inteligência emocional.
b. Comunicação.
c. Criatividade.
d. Liderança.
e. Atenção.

4. A psicologia evolutiva é a área da ciência que estuda o comportamento humano, relacionando o estudo da psicologia, da biologia e da neurociência. Qual é o foco dos estudos desses profissionais?
5. O estudo do desenvolvimento humano é um assunto muito variado, pois cada ser humano possui uma experiência pessoal. Qual é o embasamento das teorias sobre o desenvolvimento infantil?

Questões para reflexão

1. Quais são os motivos e fatores que influenciam o comportamento das pessoas? O comportamento delas está relacionado à idade, a relações familiares ou a temperamentos individuais?

Para saber mais

Para entender mais sobre o comportamento, leia o artigo indicado a seguir, que se refere a um estudo dos autores realizado para analisar o comportamento do consumidor na compra de vestuário.

CRUZ, E. R. et al. Análise do comportamento do consumidor: percepções de empresas do vestuário. In: ENCONTRO DE ESTUDOS SOBRE EMPREENDEDORISMO E GESTÃO DE PEQUENAS EMPRESAS – EGEPE, 9., 2016, Passo Fundo. Anais... Passo Fundo: UPF, 2016. Disponível em: <https://anegepe.org.br/wp-content/uploads/2021/09/065.pdf>. Acesso em: 24 set. 2021.

Shirlei Miranda Camargo
Vívian Ariane Barausse de Moura

05 Aplicações do neuromarketing

Conteúdos do capítulo:

- O que é marketing sensorial.
- Como as redes sociais influenciam nossos comportamentos.
- De que forma o neuromarketing pode ser aplicado no mundo digital.
- *Design*, comunicação e propaganda/publicidade: como utilizar o neuromarketing.
- *Branding* e neuromarketing.

Após o estudo deste capítulo, você será capaz de:

1. compreender que estimular os sentidos, mesmo no ambiente virtual, é importante para impactar o processo de compra dos consumidores;
2. perceber como as redes e mídias sociais mudaram o comportamento das pessoas e como tais mudanças impactaram o marketing;
3. indicar de que forma conceitos de neuromarketing podem ser aplicados nas estratégias de marketing de comunicação e *branding*, tanto no ambiente *on-line* como no *off-line*.

5.1 Marketing sensorial

Certamente você deve ter um perfume que usava durante a adolescência e cujo cheiro lhe traz várias lembranças, uma música que quando toca faz você recordar de determinada época de sua vida ou até uma comida que, ao ser saboreada, leva você de volta a sua infância, talvez na casa de sua avó. Perceba nesses exemplos que tais estímulos, como cheiro, som e sabor, têm o poder de ativar nossas memórias mais profundas! E são nossos cincos sentidos – paladar, olfato, tato, audição e visão – que recebem tais estímulos e os gravam na nossa memória. Quando abordamos a memória, mencionamos que esses estímulos são essenciais para o processo de memorização

Logicamente, há algum tempo os profissionais de marketing perceberam a importância de nossos sentidos registrarem coisas na nossa memória. Portanto, essa área tem usado estratégias para estimular esses sentidos, na esperança de que, em uma compra futura, o consumidor se lembre da marca e adquira seu produto ou serviço. Sob essa perspectiva, os profissionais de marketing vêm tentando melhorar a forma como se pode chegar aos consumidores utilizando os cinco sentidos. Estamos falando do marketing sensorial, que Krishna (citado por Reis, 2019, p. 17) define como aquele "que envolve os sentidos dos consumidores e afeta sua percepção, julgamento e comportamento".

Ainda, de acordo com Sarquis et al. (2015, p. 1): "O marketing sensorial compreende o uso de estímulos sensoriais na experiência ao cliente para criar uma identidade e imagem que atenda [sic] ao propósito da marca". Isso significa que cada um de nós experencia os produtos e serviços por meio dos nossos sentidos, e as informações sensoriais são guardadas no nosso cérebro. Já aprendemos que a memória possui três aspectos: a memória sensorial, a de curto prazo e a de longo prazo. As informações recebidas por meio dos sentidos são guardadas na memória sensorial e, se elas prenderem a atenção da pessoa, avançarão à memória de curto prazo e, em seguida, à de longo prazo (Correia, 2014; Rodrigues; Hultén; Brito, 2011).

Como já comentamos anteriormente, somos o tempo todo bombardeados com uma infinidade de informações. Nesse cenário, para uma empresa se destacar, ela precisa se diferenciar. Segundo o marketing sensorial, utilizando gatilhos subconscientes que apelam para os sentidos básicos, pode-se envolver os consumidores de forma mais profunda, pois as emoções obtidas por meio dos sentidos influenciam os processos de tomada de decisão (Reis, 2019).

E como isso pode ser feito na prática? Reis (2019) apresenta algumas possibilidades:

- Estimular olfato e a visão dos consumidores no ponto de venda melhora a resposta imediata. Um exemplo disso são os supermercados que fazem questão de assar pães em suas lojas, pois o cheiro do pão é irresistível. Também, as marcas de café normalmente fazem a degustação no local, atraindo os consumidores pelo olfato, o que os leva a experimentar seu produto e, assim, a adquiri-lo (algumas pessoas falam que o cheiro do café é melhor até que seu próprio gosto). Assim, se a empresa quer que as pessoas se lembrem de seus produtos por longos períodos de tempo, deve estimular o olfato. Você já deve ter percebido que, quando passa na frente de algumas lojas, que nem são de cosméticos, existe um cheiro característico. Por exemplo, a Le Lis Blanc, marca de confecções e de objetos de decoração, levou sete meses para desenvolver o cheiro de alecrim presente nas lojas, o qual ainda pode ser comprado em forma de difusor de ambiente, sabonete líquido, *spray*, vela etc. A Farm, outra loja de confecções que representa o estilo de vida carioca, apresenta no ambiente de suas lojas um cheiro cítrico e frutado que lembra samba e praia. Ela também comercializa essa fragrância para quem quiser comprar. O mesmo ocorre com a loja de roupas de cama e banho MMartan, que utiliza um aroma de bambu em seus pontos de vendas e também o vende em forma de *sprays*, difusores e sabonetes (Rosa, 2018).

- Se quer criar um maior relacionamento com os produtos, o sentido a estimular é o tato. Segundo Peck e Wiggins (2006), tanto pela interação física como pela psicológica, é o tato que possibilita a transmissão de sentimentos e emoções que influenciarão na capacidade de persuasão da marca na sua comunicação. Quando a empresa de cosméticos O Boticário resolveu, em 1988, mudar o *layout* de suas lojas eliminando os balcões, oportunizou aos consumidores vivenciarem experiências mais próximas com seus produtos, tocando nas embalagens e sentindo os aromas, o que gerou um grande crescimento para a empresa (Lopes, 2013). O toque representa o meio pelo qual o consumidor avalia uma embalagem, a textura e outros aspectos funcionais dos produtos. Assim, ele influencia as respostas cognitivas, afetivas e comportamentais dos consumidores, sendo um importante indicador do padrão de qualidade de produtos. No processo de vendas, o toque permite que uma pessoa sinta, experimente e sopese o produto, imaginando que ele lhe pertence mesmo antes de adquiri-lo (Sarquis et al., 2015).

Ou seja, no universo *off-line*, o marketing sensorial é uma grande tendência. No entanto, com o crescimento do *e-commerce*, surgiu um desafio: Como criar digitalmente uma experiência de compra dinâmica, excitante e emocionante como as que ocorrem no mundo real? No ambiente virtual, a interação sensorial usa basicamente apenas dois estímulos: visuais e auditivos. Contudo, essa realidade está mudando, pois novas tecnologias estão sendo disseminadas e melhoradas, por meio de telas *touch screen* e da realidade virtual e aumentada[1], a fim de melhorar as experiências sensoriais de forma virtual.

Por fim, as empresas, para se sobressaírem em relação a seus concorrentes, devem desenvolver estratégias sensoriais para "fugir" dos simples diferenciais funcionais e racionais (ex.: preço e qualidade), baseando-se em elementos emocionais/psicológicos (Reis, 2019). Nesse sentido, um cheiro, um som, uma imagem, um gosto ou um toque podem reforçar um sentimento positivo, que gera valor para o consumidor e cria uma imagem de marca positiva (Reis, 2019).

5.2
Redes sociais e as influências comportamentais

Antes de avançarmos, uma pergunta: Qual é a diferença entre mídias sociais e redes sociais? De maneira simplista, as redes sociais sempre existiram, antes mesmo da internet. Sabe aquele grupo de mulheres, geralmente mais velhas, que se reúnem para tomar chá e fazer tricô? Ou um grupo de aficionados por fuscas que se encontram aos domingos no parque da cidade? Então, ambos são exemplos de redes sociais.

Porém, com o avanço das tecnologias, esses grupos começaram a surgir no ambiente virtual e tomaram tanta importância que sempre que nos referimos a *redes sociais* já pensamos em tais grupos de forma virtual. Desde sua chegada, a internet mudou consideravelmente a forma como interagimos, comunicamo-nos e vivemos em comunidades – inclusive, também virtuais (Rocha, 2019). No contexto digital, alguns estudiosos fazem algumas distinções entre os dois termos:

- **Mídias sociais:** Grupo de aplicativos na internet que se baseiam nos fundamentos ideológicos multifacetados e tecnológicos da

---

1 A realidade virtual leva o indivíduo a um novo ambiente, criado por computador; já a realidade aumentada engloba projeções de conteúdos e informações complementares no mundo real (Varoni, 2018).

web 2.0[2] e que permitem a criação e a troca de conteúdo gerado pelos usuários" (Kaplan; Haenlein, 2010, citados por Rocha, 2019, p. 20).

- **Redes sociais:** "aplicativos, da definição proposta anteriormente, que possuem como característica comum o senso de comunidade" (Vollenbroek et al., 2014, citados por Rocha, 2019, p. 20).

Nesse caso, uma mídia social seria o Facebook, e uma rede social, "Amantes do Fusca", por exemplo. Isso porque mídia = meio –, ou seja, a mídia é um meio de comunicação. Contudo, ela não é só um espaço para pessoas trocarem ideias com sua família e amigos, mas também um canal de mídia mesmo, para as marcas serem divulgadas e as empresas se comunicarem o público.

Podemos dizer que mais da metade da população mundial acessa a internet, a 3,48 bilhões são usuários de mídias sociais (We Are Social, 2019). Nesse contexto, as mídias sociais passaram rapidamente a fazer parte do cotidiano das pessoas, principalmente pela facilidade em criar contas e perfis sociais e compartilhar conteúdos (Tiago; Veríssimo, 2014).

A inserção da população nas mídias sociais foi tão significante que elas se tornaram o *modus operandi* do século XXI (Lange-Faria; Elliot, 2012), alterando significativamente a natureza das atividades humanas, como os hábitos e a maneira como as pessoas interagem umas com as outras. Além disso, as mídias sociais transferiram relações pessoais para as comunidades virtuais, as quais possibilitam a união de pessoas e o compartilhamento de opiniões provenientes de todo o mundo (Uzunoğlu; Kip, 2014). Inclusive, elas mudaram até mesmo a forma como compramos.

---

2   A diferença essencial entre as *webs* 1.0 e 2.0 é que, na primeira época, eram poucos os criadores de conteúdo e a grande maioria dos usuários simplesmente agia como consumidores. Por sua vez, na segunda fase, qualquer participante pode ser um criador de conteúdo e inúmeros auxílios tecnológicos foram criados para maximizar o potencial de criação de conteúdo (Cormode; Krishnamurthy, 2008).

Os consumidores passaram a ganhar o controle da situação e, por estarem cada dia mais bem informados, conseguem comparar diversas ofertas de produtos, fazendo com que os valores deles sejam definidos pelos próprios consumidores, os quais examinam rótulos, leem conteúdos, comparam preços e opções e conhecem seus direitos (Lewis; Bridges, 2004). Nessa perspectiva, o mercado de massa vem perdendo a sua força. Logo, as preferências dos consumidores se tornaram muito variadas, o que exige dos profissionais de marketing uma melhor segmentação do mercado e especificações do seu público-alvo (Galão; Crescitelli; Baccaro, 2011).

Tais mudanças interessam para o marketing. Segundo uma pesquisa realizada pela Criteo (plataforma de publicidade para a internet aberta), apesar de no Brasil a televisão aberta ser o suporte dominante para o investimento de marketing (26% em 2017), até 2022 os profissionais de marketing alocarão 88% dos seus orçamentos em estratégias *on-line* (Criteo, 2019). Portanto, com o surgimento da internet e da *web* 2.0, houve uma aproximação das empresas em relação a seus consumidores, por meio da criação das chamadas *mídias sociais*, as quais, inclusive, trouxeram uma nova maneira de se comunicar.

E onde o neuromarketing entra nessa história? Nesse mar de informações que as pessoas recebem diariamente em suas redes sociais, o neuromarketing pode ajudar a entender como se destacar perante os consumidores. Estudar a atenção do consumidor e sua influência no processo de tomada de decisão de compra é, há muitos anos, uma preocupação do marketing. Tanto é que existe o famoso Modelo Aida (de atenção, interesse, desejo e ação) utilizado até hoje, mas que foi criado por St. Elmo Lewis em 1898 (Negrão; Camargo, 2008).

Contudo, o número de informações captadas pelo olho humano é muito maior do que o cérebro consegue processar. Assim, desenvolvemos mecanismos que captam apenas estímulos relevantes para o processamento da informação que nos interessa, ou seja, a atenção visual das pessoas é limitada e controlada de forma inconsciente (Rocha, 2019).

Com o intuito de aprimorar os estudos sobre a atenção visual, alguns métodos utilizados pela neurociência começaram a ser utilizados para identificar aspectos inconscientes que influenciam a forma como percebemos os estímulos de determinados produtos ou propagandas. Um exemplo é o uso do *eye tracker* para analisar a atenção visual, o qual rastreia o movimento ocular dos indivíduos. Já foram realizados estudos para o melhor entendimento de vários temas, como tomada de decisões de compras, a importância da atratividade ao recorrer a celebridades em propagandas, quais tipos de anúncios atraem mais atenção visual, quais as atitudes em relação ao anúncio etc. (Rocha, 2019).

5.3
Neuromarketing aplicado ao mundo digital

Como explicamos, a transformação digital da nossa sociedade está mudando profundamente as estratégias das empresas e, principalmente, as relações entre empresas e clientes. O consumidor digital está cada vez mais exigente, e a internet tem sido a porta-voz de suas demandas. Nesse sentido, Bridger (2018, p. 107) defende que "empresas que não escutam seus consumidores estão fadadas a desaparecer".

No entanto, como destaca Lindstrom (2011), compreender o comportamento dos consumidores e as decisões dos clientes não é uma tarefa simples. Muitas necessidades, desejos e expectativas são geradas de forma inconsciente, e nem mesmo o consumidor consegue verbalizá-las. É aquela famosa situação: *estou com vontade de comer algo, mas não sei o que é*, então você abre a geladeira, olha e não encontra nada. Imagine isso no ambiente virtual.

Nessa esteira, o neuromarketing está ganhando protagonismo como campo e técnica que investiga as reações inconscientes que permeiam o comportamento dos consumidores. Essa área é empregada em muitos casos, com o objetivo de entender de que maneira essa interação digital ocorre e como as marcas podem melhorar a usabilidade e a experiência do usuário por meio dos novos elementos digitais: páginas da *web*, aplicativos ou serviços/produtos digitais em computadores e em dispositivos móveis etc.

Alguns exemplos propostos por Bridger (2017) de aplicações de neuromarketing em ambientes digitais são:

- Avaliação de linhas gráficas: Compara diferentes linhas gráficas de uma ferramenta digital para verificar qual delas consegue uma melhor conexão emocional com o usuário sem sacrificar a usabilidade.
- Avaliação de *landing pages* ou microsites: Avalia como o usuário se comporta ao navegar nessas páginas, entendendo quais zonas chamam a atenção, quais emoções são causadas ou se há problemas de usabilidade.
- Estudos de usabilidade: Avalia a usabilidade de um elemento digital (*web*, aplicativo, produto/serviço digital) a partir das principais tarefas que o usuário deve realizar.
- Construção da marca: Avalia, por meio de testes pré/pós[3], se a percepção do consumidor em relação à marca mudou após a exposição a um elemento digital específico.

Esses são apenas alguns dos usos potenciais do neuromarketing no universo digital. Além disso, de acordo com Lindstrom (2011), existem algumas informações importantes sobre as nossas percepções, as quais

---

3   Pré e pós-testes: essa técnica se refere à aplicação de um teste com o consumidor antes da alteração do elemento digital específico (pré-teste). Após a nova interação, um novo teste (pós) é promovido a fim de identificar se houve alteração na percepção do consumidor após a exposição a um elemento digital específico (Bridger, 2017).

ocorrem de modo simples e genérico em três etapas, conforme mostra a Figura 5.1, a seguir.

Figura 5.1 – Como ocorrem as percepções

| Processamento da informação | Determinação de significado e valor emocional | Deliberação e análise |

Fonte: Elaborada com base em Lindstrom, 2011.

- **Processamento da informação:** Os processos atencionais (não conscientes) são responsáveis por selecionar quais estímulos atraem ou não nossa atenção. Isso depende basicamente de:
    - se tais estímulos são diferentes (atenção de baixo para cima);
    - se nosso cérebro considera esses estímulos como importantes (atenção de cima para baixo). Durante a tomada de decisão, os processos atencionais serão responsáveis pela consideração de uma opção (Lindstrom, 2011).
- **Determinação de significado e valor emocional:** Nosso cérebro reconhece as informações recebidas por nossos sentidos inconscientemente e fornece-lhes significado e valor emocional. É por isso que, quando estamos tomando uma decisão inconsciente, já temos uma opção favorita (Lindstrom, 2011).
- **Deliberação e análise:** Estão incluídas aqui tarefas cognitivas conscientes, como recuperar memórias, interpretar o passado, antecipar o futuro, planejar, gerar intenções, avaliar e fazer julgamentos, simular, resolver um problema, calcular e raciocinar. Essa fase pode nos fazer selecionar uma opção que não necessariamente é a mais atrativa do ponto de vista inconsciente (Lindstrom, 2011).

As nossas experiências podem influenciar esse modelo, pois aprendemos com os resultados de nossas ações o que pode afetar o tipo de informação futura que vamos processar, bem como seu significado e o valor fornecido, além de também influenciar as decisões conscientes. Como destaca Bridger (2018), o neuromarketing nos permite acessar as reações inconscientes das pessoas (quando a metodologia correta é empregada), e pode, então, ser aplicado para melhorar diferentes áreas de diversos campos.

Contudo, é importante ter em mente a relevância de usar esses resultados de maneira responsável e ética. Se essa recomendação for seguida, o neuromarketing não agregará valor apenas às empresas, mas à sociedade como um todo.

5.4
Neuromarketing aplicado ao *design*, à comunicação e à propaganda/publicidade

Primeiramente, vamos diferenciar alguns pontos, e começaremos por *design*. Cuidado para não confundir os termos *design* e *designer*, pois representam coisas diferentes: *designer* é o profissional que realiza as atividades relacionadas ao *design* (Lima, 2013).

Após esclarecermos essa diferença, vamos aprender como o neuromarkting pode se relacionar ao *design*. Apesar de ser uma "parceria" recente, até já existe um termo novo: *neurodesign*, que, segundo Bridger (2018), refere-se à aplicação de *insights* da neurociência e da psicologia para a criação de *designs* mais eficazes.

Segundo o autor, a ideia é entender: o que leva os consumidores a entrarem em uma loja, seja ela física ou *on-line*; por que escolhem certo produto em detrimento de outro; por que clicam em determinado lugar; ou, ainda, por qual razão tomam uma decisão de compra. Nesse contexto, existe também a neuroestética, área que estuda os fatores que afetam a forma como o cérebro reage a imagens (favorável ou desfavoravelmente) (Bridger, 2018).

Já sabemos que, muitas vezes, não adianta perguntar às pessoas o que elas acham de algo, pois sabemos que a mente, de forma inconsciente, processa o que vemos moldando nossas reações sem nosso conhecimento consciente. Ou seja, na maioria das vezes, as pessoas não têm conhecimento consciente dos processos mentais que fazem elas preferirem um *design* em relação a outro. Porém, em vez de assumirem que não sabem, procuram explicações aparentemente plausíveis para as suas escolhas – e aqui entra a neociência, que consegue medir nossas reações não conscientes (Bridger, 2018).

Os princípios do neurodesign podem ser empregados nas páginas da internet, em logotipos, anúncios e embalagens. Por exemplo, qual *design* de uma embalagem terá mais probabilidade de ser notado em meio a inúmeras outras nas prateleiras do supermercado? Qual *design* de um anúncio impresso garantirá que ele chame a atenção dos consumidores? (Bridger, 2018).

Especificamente no campo da comunicação, um dos pilares do marketing, a neurociência, já trouxe muitos *insights* principalmente relacionados ao gênero (tema já comentado)! Vamos abordar alguns deles.

Como já mencionamos, as mulheres, em geral, são mais empáticas que os homens. Portanto, quando as empresas se dirigem a elas, devem usar a primeira pessoa do plural (nós), bem como mostrar mulheres socializando e fazendo contato visual. Também sabemos que elas possuem mais neurônios-espelhos, o que, além de lhes fornecer melhor capacidade de memória, enfatiza a empatia. Por isso, as mulheres adoram ouvir histórias ou depoimentos. Logo, as empresas podem utilizar essas táticas.

Também, comentamos que as mulheres têm muito mais neurônios conectando um lado ao outro do cérebro, o que as faz interpretarem as informações tanto de forma racional como emocional. Já os homens usam ou um ou outro lado do cérebro. Por essa razão, anúncios para mulheres devem tanto ter apelos racionais como emocionais. Já para os homens, como eles não contam com essa característica "empática" tão desenvolvida, uma mensagem deve ressaltar o benefício para ele próprio, da forma mais objetiva possível.

Segundo Neiva (2012b), diferente das mulheres, os homens focam em uma tarefa de cada vez. Nesse sentido, ao representá-los em um anúncio, eles devem ser mostrados realizando uma tarefa exclusivamente. Pradeep (2010, p. 72, tradução nossa) fornece um exemplo prático disso a respeito de anúncios de carros: "Enquanto os homens [...] devem ser retratados ao volante, por exemplo, as mulheres nunca estão fazendo somente uma coisa. Mostre-as usando os suportes para copos, ajustando os assentos e falando com as crianças".

Pradeep (2010) ainda aponta cuidados que as empresas devem ter ao direcionar uma mensagem para uma mulher ou para um homem. Enquanto os homens gostam de referências à sexualidade, as mulheres não. Elas preferem representações de bons pais ou de homens atentos às conversas a apenas representações dos corpos. Além disso, mulheres têm mais facilidade com as nuances da linguagem. Portanto, as empresas devem contar e desenvolver mais mensagens escritas – cerca de três vezes mais do que usariam para se comunicar com os homens (Pradeep, 2010).

O mesmo autor também ensina que, enquanto os homens gostam do "apenas faça" nos temas esportivos, mulheres gostam de conhecer a história do atleta, isto é, como ele chegou aonde está. Complementando isso, Camargo (2009) afirma que os homens preferem o movimento devido aos seus ancestrais caçadores, ao passo que as mulheres têm predileção por formas e cores por conta de suas ancestrais que eram "coletoras" (coletavam coisas na natureza). Em razão dessas características, os homens se sentem atraídos por animações, movimentos e cores fortes.

Você se lembra que, ao comentarmos as diferenças entre homens e mulheres, mencionamos o comportamento de ambos no ponto de venda? Uma pesquisa da Federação do Comércio do Rio de Janeiro, de 2007, demonstra que, no momento da compra, o homem é, em geral, mais impaciente (por isso, tende a não pesquisar os preços). Por outro lado, as mulheres se sentem atraídas por novidades e pequenos detalhes, contam com mais disposição para pesquisar preços, bem como têm mais facilidade em relação a formas de pagamento e descontos (Moreira, 2010).

Bridget Brennan (citada por Moreira, 2010), destaca cinco diferenças básicas entre homens e mulheres:

I. O termo *realização*, para as mulheres, é sinônimo de ser indispensável, e para os homens, de ter independência.
II. Mulheres falam sobre seus sentimentos e mostram suas vulnerabilidades como forma de se conectarem entre si. Já homens se engajam em atividades e escondem suas vulnerabilidades.
III. Como dito anteriormente, mulheres têm mais fluência verbal, são detalhistas e conversam com as amigas sobre o quanto gostam de certo produto/marca.
IV. Mulheres evitam o conflito, e os homens, cenas emocionais.
V. Mulheres têm uma memória muito melhor para detalhes, e isso vale tanto para experiências bem-sucedidas como para as malsucedidas.

> Eu, Professora Shirlei, tenho uma história ótima sobre isso. Certa vez, eu e minha cunhada, conversando sobre uma formatura à qual fomos há mais de 20 anos, lembramos do vestido de uma amiga dela, da cor e, principalmente, da enorme fenda, que chamou muita atenção na época. Meu marido ficou boquiaberto e não entendeu como conseguíamos guardar tantos detalhes e por tanto tempo! Respondi: – A neurociência explica, meu amor!

Sabendo de todas essas características, *designers*, profissionais de marketing e publicitários podem explorá-las para se comunicar com homens e mulheres ao desenvolver seus produtos e suas estratégias de comunicação, definindo, inclusive, a melhor forma de criar suas campanhas publicitárias.

5.5
Neuromarketing aplicado ao *branding*

Você sabe o que é *branding*? Primeiramente, devemos esclarecer o que é marca. Diferente do que muitos pensam, a marca é muito mais que um logotipo (a representação gráfica). Marcas são elementos primordiais na relação entre empresa e consumidor, pois representam a percepção e os sentimentos dele em relação a um produto e a seu desempenho. Por sua vez, o termo *branding* pode ser traduzido como "gerenciamento da marca". Ou seja, diz respeito à capacidade de uma empresa criar e gerenciar sua marca (Kotler; Armstrong, 2007). É o *branding* que construirá a imagem da marca perante as pessoas!

Nos modelos tradicionais de marketing e publicidade, o cliente é uma pessoa totalmente lógica, e suas compras são o resultado de suas decisões conscientes. Nesse modelo, ele sabe exatamente quais são as suas preferências, e isso faz com que escolha a melhor opção disponível. Assim, segundo essa visão, as organizações devem fornecer informações lógicas e convincentes. Contudo, como mencionamos quando abordamos as emoções, as decisões de compra nem sempre são feitas de forma lógica, mas sim de maneira inconsciente, com base em uma combinação de pensamentos e emoções (Abadiha, 2018).

Aqui, o neuromarketing também se torna importante. Você já deve ter compreendido que o objetivo do neuromarketing é compreender melhor o cérebro das pessoas para otimizar as estratégias de marketing e de vendas utilizando métodos para explorar a mente das pessoas sem a necessidade de uma participação consciente (Abadiha, 2018).

E nesse contexto, no qual o marketing vem transformando seus métodos tradicionais em métodos científicos, surge mais um novo conceito: o *neurobranding*. Essa disciplina tem o intuito de ajudar as empresas na construção de sua imagem de marca, promovendo o produto de forma a influenciar a preferência do consumidor. Um pioneiro nesses estudos, Douglas Van Praet (citado por Upadhyaya, 2020), afirma que o *branding*, basicamente, diz respeito à expectativa dos consumidores com base nas memórias. Reforçando o que já foi dito por outros estudiosos, Van Praet também afirma que a maioria das decisões dos consumidores é tomada inconscientemente. Portanto, os profissionais de marketing atuais devem se preocupar mais em como os consumidores tomam a decisão em vez de por quê (Upadhyaya, 2020).

Portanto, o neuromarketing vem sendo utilizado em muitas áreas para, por exemplo, aumentar as preferências da marca, melhorar o armazenamento de mensagens publicitárias, aumentar o impacto da publicidade, promover comerciais de televisão e gerenciar a marca (Veronica, 2009). Para o neuromarketing, as preferências e os comportamentos do consumidor dependem mais de hábitos, sentimentos, percepções e experiências pessoais com o produto/marca do que de análises lógicas. Pesquisas de neuromarketing indicam que aproximadamente 95% das nossas decisões são feitas de forma inconsciente (Zaltman, 2003), embasadas em emoções e imagens mentais.

Nesse sentido, entender o que está acontecendo no cérebro é essencial: por que preferimos uma marca em vez de outra, quais informações passam pelo nosso filtro cerebral e são armazenadas por ele e quais são esquecidas etc. Conhecer, então, os motivos por trás desses aspectos pode tornar as marcas mais eficazes, pois, nas decisões feitas pelas emoções, o consumidor decide com base no que sente e pensa. Na realidade, ele valoriza a percepção da marca e a emoção que ela lhe fornece e acaba comprando; logo, ele se sente bem e satisfeito com sua escolha e se torna fiel à marca (Abadiha, 2018).

No entanto, o neuromarketing, diferente do que alguns críticos alegam, não controla as decisões de compra, mas apenas estimula, provoca, encoraja, entusiasma. Algo bem diferente da mensagem subliminar, que se baseia em imagens que não são percebidas pelo olho humano, mas sim pelo subconsciente – prática esta que, inclusive, é ilegal em alguns países (Prado, 2015), apesar de não haver consenso sobre seu funcionamento (falaremos mais sobre mensagem subliminar quando abordarmos o assunto ética).

Enfim, não há dúvidas de que o cérebro é o órgão humano no qual todas as informações que as empresas procuram se encontram. Dessa forma, o neuromarketing permite aprimorar as técnicas de propaganda/publicidade, assim como melhorar a compreensão da relação entre a mente e o comportamento do consumidor, que sempre foi o maior desafio do marketing. A ideia é que o neuromarketing ofereça recursos para pesquisar o mercado, segmentá-lo e elaborar estratégias de sucesso em desenvolvimento de produtos, como *design*, marca (*branding*), embalagem, posicionamento, preços, *mix* de comunicações, canais e vendas (Prado, 2015).

Síntese

Neste capítulo, explicamos como os cincos sentidos podem ser utilizados em estratégias de marketing à luz do neuromarketing. Também, mostramos como conceitos do neuromarketing podem ser utilizados em diversas estratégias desde o desenvolvimento do produto, pois essa área auxilia na escolha do melhor *design*, na forma de comunicação mais adequada e na exposição no ponto de venda. Ainda, discutimos de que maneira o neuromarketing pode ajudar no *branding* (gerenciamento da marca), evidenciando que o ambiente virtual também deve usufruir de todos esses conceitos.

Questões para revisão

1. Carlos é gestor de marketing de uma empresa que fabrica alimentos e precisa escolher uma foto para anunciar uma nova margarina que será produzida, focando principalmente no público feminino. Olhando o banco de imagens, ele se deparou com a imagem a seguir (Figura 5.2) e a selecionou para ser utilizada nas peças publicitárias que serão veiculadas em várias revistas.

Figura 5.2 – Sugestão de imagem para ser utilizada nas peças publicitárias

Diante do exposto, considerando o enunciado e os conceitos aprendidos neste capítulo, o que podemos afirmar a respeito de Carlos, o gestor de marketing?

a. Ele fez a escolha errada, pois as mulheres, em geral, são menos empáticas que os homens, e não é uma boa ideia mostrar mulheres socializando, como no exemplo, com a família.
b. Ele fez a escolha certa, uma vez que as mulheres, em geral, são mais empáticas que os homens, e uma boa ideia é mostrar mulheres socializando, como no exemplo, com a família.
c. Ele fez a escolha errada, já que uma mensagem para mulheres deve ser o mais objetiva possível, pois elas interpretam as informações de forma mais racional.
d. Ele fez a escolha certa, pois o marketing sensorial é importante somente para as mulheres e deve ser empregado com frequência.
e. Nenhuma das alternativas anteriores está correta, pois uma imagem não tem o poder de influenciar nem homens nem mulheres.

2. Muitas pessoas se interessam pelo neuromarketing esperando encontrar pistas ou um manual de instruções sobre como influenciar seus clientes. No entanto, a realidade é que o cérebro humano é muito mais complicado do que podemos imaginar. A esse respeito, analise as assertivas a seguir:

I. Não existe a possibilidade de oferecer um manual de comportamento do consumidor.

Porque

II. É impossível modelar nosso comportamento 100% ou mesmo tentar manipulá-lo.

A seguir, , assinale a alternativa correta:

a. A assertiva I é uma proposição falsa e a II é verdadeira.
b. As assertivas I e II são falsas.
c. A assertiva I é uma proposição verdadeira e a II é falsa.
d. As duas assertivas são verdadeiras, e a II justifica e complementa a I.
e. As duas assertivas são verdadeiras, mas a II não justifica nem complementa a I.

3. Sabemos que a marca é muito mais que um logotipo. Marcas são elementos primordiais na relação entre empresa e consumidor, pois representam a percepção e os sentimentos deste em relação a um produto e seu desempenho. Nesse contexto, leia a frase a seguir e, na sequência, assinale a alternativa que completa corretamente a lacuna:

O termo _____ pode ser traduzido como gerenciamento da marca, ou seja, diz respeito à capacidade de uma empresa criar e gerenciar sua marca.

a. *branding.*
b. neuromarketing.
c. pesquisa.
d. neurociência.
e. mensagem subliminar.

4. Algumas informações são muito importantes a respeito do processo que nos leva a ter percepções. Cite três etapas desse processo.

5. Cite as aplicações de neuromarketing em ambientes digitais.

Questões para reflexão

1. Estudar a atenção do consumidor e sua influência no processo de tomada de decisão de compra é, há muitos anos, uma preocupação do marketing. Quais são as formas pelas quais o neuromarketing pode ajudar a entender como se destacar perante os consumidores?

Para saber mais

Para saber mais sobre marketing sensorial, leia o artigo a seguir:

RAMOS, A. J. Marketing sensorial: saiba como usar os cinco sentidos para gerar vendas para o seu negócio! RockContent, 13 mar. 2019. Disponível em: <https://rockcontent.com/br/blog/marketing-sensorial/>. Acesso em: 24 set. 2021.

Shirlei Miranda Camargo
Vivian Ariane Barausse de Moura

06 Pesquisas em neuromarketing: equipamentos, aplicações e desafios

● Conteúdos do capítulo:
- Diferentes tipos de pesquisas em neuromarketing.
- Equipamentos de pesquisas em neuromarketing.
- Desafios da pesquisa em neuromarketing.
- Ética no neuromarketing.

● Após o estudo deste capítulo, você será capaz de:
1. estabelecer as vantagens e desvantagens e os desafios das pesquisas em neuromarketing;
2. indicar alguns exemplos de usos de pesquisas em neuromarketing e os equipamentos utilizados em tais pesquisas;
3. refletir sobre as questões éticas envolvidas na pesquisa de neuromarketing.

6.1
Pesquisas em neuromarketing: equipamentos

Como explicamos anteriormente, o uso das tradicionais técnicas de pesquisa em marketing nas quais ocorre o autorrelato (o entrevistado fala o que pensa ou sente) tem suas vantagens e desvantagens. Como desvantagens, podemos citar dois problemas oriundos de nosso próprio processo cognitivo: quando a pessoa não quer responder sobre determinado tema, por questões éticas ou morais; e quando a pessoa não responde simplesmente porque não conhece (ao menos conscientemente) suas verdadeiras motivações sobre tal assunto. Acredita-se que foi por conta disso que os conceitos e as aplicações da neurociência na psicologia do consumo ganharam tanta popularidade no marketing (Pastore; Maffezzolli; Mazzon, 2018).

Assim, o neuromarketing tem muitos usos. Como vimos, pode ser empregado para entender melhor o comportamento do consumidor, a decisão de compra ou de que maneira aspectos como emoções e preconceitos cognitivos afetam a tomada de decisão. Os métodos e procedimentos neurocientíficos incluem uma ampla variedade de ferramentas e técnicas para medir e mapear a atividade neuronal e compreender como o cérebro reage a diferentes estímulos somatossensoriais[1].

Informações emocionais, cognitivas e comportamentais podem ser obtidas por meio de algumas técnicas. No entanto, nem todos os métodos neurocientíficos fornecem valor aos estudos de neuromarketing. As técnicas neurocientíficas aplicadas à pesquisa de negócios e publicidade, de acordo com Bridger (2018), podem ser divididas em três categorias:

---

1 O sistema somatossensorial é responsável pelas experiências sensoriais e faz parte do sistema nervoso central. Trata-se de um sistema complexo de neurônios sensoriais e vias neurais que responde a mudanças na superfície ou dentro do corpo (Roth; Dicke, 2013).

- Técnicas que registram a atividade fisiológica do cérebro – do sistema nervoso central.
- Técnicas que registram outra atividade fisiológica – do sistema nervoso periférico.
- Outras técnicas que registram comportamento e conduta

Para fins práticos, as tecnologias mais empregadas no neuromarketing são:

- eletroencefalograma (EEG) – atividade cerebral;
- biossensores (GSR – *Galvanic Skin Response*, em português, resposta galvânica da pele; BVP – batimento ventricular prematuro, ou frequência cardíaca);
- rastreadores oculares estacionários (*eye tracker*);
- Testes de resposta implícita.

Essa combinação de tecnologias permite a abordagem de uma ampla gama de estudos e a obtenção de um grande número de métricas de forma confiável e rigorosa, a um custo razoável.

Por sua vez, existem outras tecnologias de imagem cerebral:

- fMRI (*Functional Magnetic Ressonance Imaging*) – imagem por ressonância magnética funcional;
- FDOT (*Functional Difuse Optic Tomography*) – tomografia ótica funcional difusa;
- MEG – magnetoencefalografia;
- PET (*Positron Emission Tomography*) – tomografia por emissão de positrões.

Tais técnicas são úteis em outros contextos, mas geralmente são descartadas no marketing devido ao preço mais elevado, ao caráter invasivo ou à aplicabilidade limitada. O mesmo ocorre com outros biossensores, como temperatura, respiração ou eletromiografia, que geralmente não são considerados porque não contribuem com novas métricas, além de serem mais invasivos (Lindstrom, 2011).

Óculos de rastreamento ocular são habitualmente empregados em estudos de contexto real, mas não em estudos estacionários (sob condições controladas), quando usamos rastreadores oculares estacionários. Por fim, a codificação facial geralmente é desconsiderada em razão das críticas associadas à sua confiabilidade.

6.2 Pesquisas em neuromarketing: aplicações

A seguir, apresentamos algumas pesquisas de neuromarketing já realizadas e que utilizaram algumas dessas técnicas.

Beleza *versus* fama

Pastore, Maffezzolli e Mazzon (2018) apresentaram uma pesquisa de Gakhal e Senior (2008), que conduziram um estudo com o objetivo de diferenciar os efeitos causados por fama e beleza mediando a condutância elétrica da pele em 24 mulheres (destras) enquanto elas avaliavam anúncios de perfumes ilustrados por modelos famosos/não famosos ou atraentes/não atraentes.

Os resultados sugeriram que a fama gera respostas mais intensas que a beleza. Ou seja, celebridades não atraentes evocaram estímulos de excitação maiores que desconhecidos bonitos. Além disso, as respostas foram mais perceptíveis na mão esquerda das participantes, sugerindo uma ativação maior do hemisfério direito do cérebro – o lado no qual as emoções são processadas.

Geração Z e atitude em relação ao *digital influencer* que revela ser patrocinado

A mudança das comunidades de sociais para virtuais e a aversão da população ao excesso de publicidade levaram ao nascimento de uma nova profissão: a de influenciador digital. Disso decorreu uma nova forma de fazer marketing: o marketing de influência por meio das publicidades nativas, o qual se refere a propagandas que, embora não pareçam, são pagas, a exemplo de artigos de revistas ou jornais patrocinados, publicações em mídias sociais e *links* patrocinados.

Contudo, questões éticas sobre esse tipo de propaganda têm levado os influenciadores a sinalizar as publicações que se tratam de conteúdo pago. Existe, no entanto, um receio de que tal sinalização possa gerar impactos negativos nos consumidores. Nesse sentido, vários pesquisadores já se preocuparam com esse tema.

Rocha (2019), ao realizar uma pesquisa com 149 jovens do sexo feminino da Geração Z por meio de questionários e de *eye tracker*, descobriu que, para as jovens dessa geração, as imagens consideradas mais transparentes (mostrando que eram conteúdos pagos) geraram melhores atitudes em relação ao anúncio.

Coca-Cola *versus* Pepsi

Uma das pesquisas mais conhecidas em neuromarketing foi a realizada por McClure et al. (2004), que testaram a preferência entre as marcas Pepsi e Coca-Cola. Primeiramente, os pesquisadores fizeram um teste "cego", ou seja, forneceram as duas bebidas para os participantes sem identificar a marca. Nessa primeira parte, a preferência entre a Coca-Cola e a Pepsi era quase idêntica.

Na sequência, os pesquisadores informaram aos participantes qual era a marca das bebidas, e nesse momento as pessoas preferiram, claramente, a Coca-Cola. Isso mostrou que essa marca tem uma imagem mais forte. Isto é, um maior conhecimento do consumidor sobre uma marca resulta em maior valorização não só da própria marca, mas também dos seus produtos, como no caso da Coca-Cola (Correia, 2014).

Propaganda antifumo

No ano de 2004, Martin Lindstrom fez um estudo com 32 fumantes oriundos de vários países utilizando a ressonância magnética funcional (RMf) para analisar o efeito que mensagens antifumo existentes nas embalagens de cigarros tinham na mente humana. O pesquisador concluiu que as mensagens não surtiam o efeito pretendido, pois durante as análises obtidas pelo RMF, mostrou-se que tais imagens ativavam o núcleo do cérebro responsável pelo desejo de ter ou ingerir alguma coisa.

Ou seja, as imagens não só fracassavam no intuito de desestimular o fumo, como também ativavam uma área do cérebro conhecida por "ponto do desejo", a qual estimulava o desejo de fumar, mesmo após as pessoas responderem a um questionário em que a maioria manifestou acreditar que tais imagens funcionavam. Provavelmente, elas respondiam dessa forma porque pensavam ser a "resposta certa" ou porque achavam ser o que os pesquisadores queriam ouvir (Lindstrom, 2016).

Marketing político

No ano de 2003, a empresa FKF Applied Research utilizou imagens de RMf para analisar as reações das pessoas ante a propaganda política televisiva dos candidatos da época, Bush e Kerry. Os pesquisadores viam as propagandas de ambos, suas imagens e cenas do atentado terrorista de 11 de setembro, bem como um comercial político de 1964 chamado de *Daisy*[2], no qual uma menina brinca com uma margarida quando uma bomba nuclear explode.

Os pesquisadores descobriram que tanto as imagens do atentado de 11 de setembro como do comercial "Daisy" ativavam a amígdala, parte do cérebro responsável por medo, ansiedade e terror. Já foi demonstrado

---

2 LIBRARY OF CONGRESS. "Daisy" Ad (1964): Preserved from 35mm in the Tony Schwartz Collection. 7 set. 2016. Disponível em: <https://www.youtube.com/watch?v=riDypP1KfOU>. Acesso em: 25 set. 2021.

várias vezes que a manipulação do medo dos eleitores é um item que pode garantir a vitória de um candidato. Por exemplo, esse comercial político garantiu, na época, a vitória de Lyndon Johnson, em 1964, que apelou para o medo de uma guerra nuclear. O mesmo aconteceu em 2004, quando os republicanos ganharam as eleições focando na ameaça do terrorismo.

Enfim, na propaganda política, ao contrário do que dizem, é o medo que funciona, ou seja, é dele que o cérebro se lembra. Nesse sentido, qualquer campanha que foque na "manipulação do medo dos eleitores é um elemento decisivo para garantir a vitória de um candidato" (Lindstrom, 2016, p. 35).

No entanto, como já mencionamos, por conta de questões financeiras, temos algumas limitações no uso de pesquisas em neuromarketing, devido ao alto custo de utilização e manutenção das técnicas (Correia, 2014). Esse custo pode chegar a US$ 500,00 por hora de análise, e um projeto poderá ter um custo de US$ 150.000,00. Contudo, com o aumento da popularidade e o desenvolvimento do neuromarketing, por meio do qual surgem cada vez mais pesquisas, acredita-se que os custos de utilização e manutenção diminuirão futuramente (Almeida et al., citados por Correia, 2014).

Porém, existem algumas técnicas que não são tão onerosas, pois não envolvem alta tecnologia, como é o caso do teste de associação implícita (TIA) e da ZMET (*Zaltman Metaphor Elicitation Technique*), mas que necessitam de muito conhecimento do pesquisador. Vamos detalhar essas técnicas na sequência.

Teste de associação implícita

Esse teste utiliza como base o tempo de reação dos participantes em fazer determinadas associações. Ele é apresentado em forma de um jogo que avalia o tempo de reação para verificar o grau de associação, em nosso cérebro, entre os atributos escolhidos e os estímulos testados. Por exemplo, um estímulo pode ser um certo produto, e o atributo, qualquer palavra que possa ser associada ao posicionamento desse produto (ex.: sucesso, sustentabilidade, confiança). Quanto mais rápido a pessoa relacionar o produto a um desses atributos, mais esses dois conceitos (produto + atributo) estarão associados em nosso cérebro, demonstrando uma ligação direta entre o inconsciente do consumidor e a marca (Gomes, 2017).

Enfim, graças às técnicas de neuromarketing, é possível mensurar as mudanças fisiológicas produzidas por qualquer comportamento/resposta emocional e cognitiva. No entanto, uma vez que essas mudanças são medidas, não é nada simples determinar qual evento as causou.

ZMET

A *Zaltman Metaphor Elicitation Technique* (em português, técnica de elicitação metafórica de Zaltman) foi criada pelo pesquisador Gerald Zaltman (Bernardo, 2012). Trata-se de uma ferramenta de pesquisa de marketing patenteada pelo autor nos Estados Unidos. Segundo Zaltman (1997), nessa técnica:

- a maioria da comunicação é não verbal;
- pensamentos ocorrem em forma de imagens;
- metáforas são importantes na cognição;
- a cognição é baseada em experiências;
- razão, emoção e experiência são misturadas;
- consegue-se acessar estruturas de pensamentos bem profundas.

Como a técnica funciona: são escolhidos dez consumidores que devem, durante dez dias, encontrar 12 imagens (não óbvias) que representem seus sentimentos e pensamentos em relação a determinado produto ou marca. Depois, em uma entrevista pessoal que dura aproximadamente 2 horas, o entrevistador seguirá vários passos para tentar acessar esses pensamentos e sentimentos conversando com as pessoas e analisando as imagens por elas escolhidas.

Então, o pesquisador criará "construtos" e, em seguida, serão construídos mapas consensuais entre os participantes. Como os sentimentos e pensamentos são socialmente compartilhados, o resultado é que esse mapa representará mais de 80% de todos os construtos mencionados pelos participantes. A marca Dove já utilizou essa técnica (The Free Mind Confluence, 2018) em um propaganda na qual uma imagem de um pêssego foi usada para representar a pele de quem usava seu sabonete. A ideia dos consumidores era de que quem usava Dove ficava com uma pele macia como pêssego. Inclusive, essa imagem foi muito explorada pela empresa em suas mídias.

Para saber mais

Para saber mais sobre essa técnica, acesse o *link* indicado a seguir e acompanhe como dois pesquisadores brasileiros utilizaram a técnica ZMET para obter informações sobre a experiência de uso do telefone celular:

KRAFT, S.; NIQUE, W. M. **Desvendando o consumidor através das metáforas**: uma aplicação da Zaltman Metaphor Elicitation Technique (ZMET). 2019. Disponível em: <https://nadiamarketing.com.br/site/wp-content/uploads/2019/01/tecnicazaltman67653.pdf>. Acesso em: 25 set. 2021.

6.3 Desafios da pesquisa em neuromarketing

Como destaca Bridger (2018), existem inúmeras conferências e publicações que simplificam o processo da pesquisa em neuromarketing em relação a mapas cerebrais. A verdade é que, a cada dia, surgem novos estudos neurocientíficos sobre a detecção de áreas cerebrais referentes a respostas emocionais ou cognitivas específicas.

Mas uma coisa é fazer um estudo para entender quais áreas são ativadas quando vemos entes queridos, e, assim, descobrirmos o centro neural do amor; mas supor que toda vez em que o centro neural do amor é ativado estamos vendo algo que amamos é completamente diferente.

Na neurociência, essa falácia é conhecida como *inferência reversa* e ocorre porque uma área específica do cérebro pode ser ativada por diferentes motivos. Além disso, ao trabalhar com neuromarketing e em muitas outras aplicações de neurotecnologia, nem sempre os mapas cerebrais, aqueles gerados pelas técnicas como RMf ou EEG, são empregados por questões de custos.

Em vez disso, como destaca Bridger (2018), são mostrados estímulos de calibração que permitem a geração de modelos computacionais do cérebro para cada participante quando confrontado com reações específicas, com modelos muito mais complexos do que uma simples região do cérebro.

Uma vez que aprendemos como o cérebro de uma pessoa muda ao experimentar uma emoção positiva, o modelo é aplicado para verificar se uma emoção positiva é vivenciada quando um estímulo específico é apresentado. Essa técnica tem a vantagem de evitar influências externas, pois a calibração é feita com a tecnologia instalada, horas de descanso adequadas, um estado de espírito específico e no contexto de uso adequado (Lindstrom, 2011).

Com relação à pesquisa de neuromarketing aplicada, geralmente é simplificado demais "usar EEGs em uma amostra de consumidores enquanto eles assistem a um comercial e detectar se a área do cérebro relacionada às emoções positivas está ativada" (Bridger, 2017, p. 154, tradução nossa). Realizar um estudo de neuromarketing, para Bridger (2017), é muito mais do que isso. A esse respeito, o autor destaca alguns dos aspectos mais importantes para o neuromarketing que devem ser levados em consideração (Bridger, 2017):

- Tecnologia de alta qualidade: Sem tecnologia de alta qualidade, os dados fisiológicos registrados não são confiáveis e, portanto, os resultados obtidos também não são.
- Desenho experimental correto: Um estudo de neuromarketing ainda é um estudo de neurociência. É necessário seguir uma metodologia científica durante o planejamento experimental e evitar vieses experimentais.
- Algoritmos de decodificação corretos: Cada cérebro humano é diferente, e não existe algo como uma área do cérebro ou parte dele relacionada a emoções positivas. É necessário empregar técnicas de calibração e modelos computacionais para individualizar os algoritmos de decodificação.
- Experiência na interpretação de resultados: Os resultados de neuromarketing aplicados fornecem valores numéricos para métricas específicas (atenção, impacto emocional, valência afetiva etc.), mas não há informações sobre por que esses valores foram obtidos. Um bom profissional deve ser capaz de interpretar esses resultados e também fornecer diagnósticos, aprendizados e recomendações.

O principal desafio do profissional que trabalha com neuromarketing é a capacidade de abordar todos esses aspectos sem uma formação em neurociência. Nesse caso, recomenda-se:

- contar com um parceiro especialista em neurociência que possa auxiliar na seleção de tecnologias;
- ser supervisionado durante a concepção e a interpretação dos resultados iniciais.

Nessa perspectiva, o neuromarketing constitui um importante avanço na análise e compreensão do comportamento do consumidor mediante a aplicação rigorosa dos conhecimentos e das técnicas neurocientíficas, além de se revelar como uma nova ferramenta fundamental, no presente e no futuro, para complementar a investigação de mercado. Para aprender mais sobre isso, abordaremos no subcapítulo seguinte de que forma os diagnóstico por imagens são utilizados como instrumentos para as pesquisas dentro do marketing.

6.4 Diagnóstico por imagem como instrumento de pesquisa de marketing

De acordo com Lindstrom (2011), uma das razões pelas quais muitos profissionais de marketing tradicional ou áreas adjacentes se interessam pelo neuromarketing é porque esperam encontrar pistas ou um manual de instruções sobre como influenciar seus clientes.

No entanto, a realidade é que o cérebro humano é muito mais complicado do que podemos imaginar. Os avanços da neurociência nos mostraram que existe uma infinidade de variáveis que orientam nosso comportamento.

Em outras palavras, isso significa que hoje em dia é impossível modelar nosso comportamento 100% ou mesmo tentar manipulá-lo. Portanto, o neuromarketing teórico está longe de oferecer um "manual de comportamento do consumidor". Muitos *experts* em neuromarketing cometem o erro de generalizar os resultados de estudos realizados em contextos específicos. Esses resultados são usados para "vender" os estudos como guias de comportamento. Isso fica mais claro ao utilizamos o seguinte exemplo proposto por Bridger (2018):

- Fato: um estudo em neurociência apontou que a cor roxa é atrativa.
- Conselho do "especialista": utilizar o roxo em todos os materiais de marketing.

Obviamente, essa determinação não é válida. Todos os estudos são realizados em um contexto específico, por exemplo: uma empresa de tecnologia que vende um tipo específico de produto para um nicho de consumidores de determinado país. Isso não pode ser ignorado e utilizado para recomendar a cor roxa a uma empresa de cosméticos, com serviço, tipo de cliente e país que nada têm em comum com a empresa original estudada.

O principal desafio em relação ao neuromarketing é, portanto, a habilidade de distinguir entre teorias confiáveis baseadas na ciência real e outras que não são cientificamente sólidas. Para tanto, a recomendação é sempre buscar fontes primárias (estudos científicos) e nunca desconsiderar o contexto do estudo original.

A seguir, resumimos as propostas de Bridger (2018) e Lindstrom (2011) sobre o que deve ser considerado em pesquisas com base em imagens:

- as atividades cerebrais nos levam, como consumidores, a fazer escolhas;
- a forma como decidimos e escolhemos entre as marcas;
- a maneira pela qual captam nossas atenções e possivelmente nossa consciência;
- quais são nossos motivadores inconscientes de nossas escolhas como consumidores;
- nossas emoções e sentimentos como consumidores;
- qual é nossa capacidade de aprender novos comportamentos, como no uso de novos produtos e serviços;
- de que maneira funciona a nossa memória quanto à capacidade de restaurar mais um anúncio ou uma mensagem de marketing, além de nossa capacidade de recuperá-lo/relembrá-lo "instantaneamente".

Você pode encontrar "especialistas" em neuromarketing que tentam transmitir a ideia de que ele pode substituir e fornecer mais rigor do que as técnicas tradicionais de pesquisa. Mas a realidade é que o neuromarketing não tem um papel substitutivo, e sim complementar. Ao combinar técnicas tradicionais de pesquisa com o neuromarketing, é possível obter uma visão holística da reação do consumidor.

Estamos vivendo em constante evolução tecnológica. As tecnologias vestíveis com biossensores estão próximas de serem exploradas. Como destaca Bridger (2017), atualmente existem exemplos desses tipos de aparelhos: Fitbit, Xiaomi Mi band e Apple Watch, por exemplo, que são direcionados principalmente para monitorar a atividade física (*fitness*).

Entretanto, embora a qualidade dos sinais fisiológicos registrados hoje em dia não seja suficientemente precisa para ser empregada no ambiente de neuromarketing, é apenas uma questão de tempo até que a precisão do equipamento melhore. Eventualmente, o neuromarketing deixará de ser empregado em contextos controlados e passará a ser utilizado massivamente, em qualquer lugar, por qualquer pessoa, graças a esses dispositivos.

6.5
Ética no neuromarketing

Muitos leigos têm uma visão bem distorcida do neuromarketing, pois acreditam que se tratam de estratégias para enganar as pessoas. E isso é normal, pois, conforme já mencionamos, é uma área relativamente nova, e o novo sempre traz medo. Como Correia (2014) afirma, se a neurociência é considerada uma ciência que está na fase de infância, o neuromarketing está claramente em uma etapa ainda embrionária. Mesmo que a neurociência já utilize técnicas bem avançadas, o neuromarketing ainda está se desenvolvendo. Mas muitas pessoas revelam medo da possibilidade de se criar um "botão de compra" ou o "lugar mágico" no cérebro (Fisher; Chin; Klitzman, 2010).

Mas a ideia, ao menos de pesquisadores e empresas sérias, não é manipular os consumidores, e sim descobrir benefícios que o estudo cerebral pode proporcionar ao mundo dos negócios (Correia, 2014). De acordo com Lindstrom (2016), o intuito do neuromarketing é revelar o que está dentro do cérebro das pessoas, e não implementar ideias ou forçá-las a comprar. Com os estudos dessa área, é possível entender por que certas campanhas publicitárias ou determinados produtos dão errado. Somente com a ajuda do neuromarketing as empresas conseguirão entender, verdadeiramente, o que os seus consumidores gostam em relação a produtos ou, ainda, se uma campanha publicitária está surtindo o efeito desejado (Correia, 2014).

Por outro lado, algumas pessoas pensam que o neuromarketing poderá ameaçar a autonomia do consumidor e manipular o seu comportamento (Fisher; Chin; Klitzman, 2010). Assim, faz sentido se preocupar para além do desenvolvimento tecnológico e considerar questões de éticas envolvidas (Correia, 2014). Isso porque muitas pessoas creem ser uma invasão de privacidade descobrir o que se passa em seu inconsciente. Além disso, o neuromarketing pode dar origem a práticas antiéticas de fazer os consumidores gostarem de produtos que podem prejudicá-los emocional ou fisicamente (Upadhyaya, 2020) ou, mesmo, que sejam de baixa qualidade.

Com base no exposto, foi criado um braço da neurociência: a neuroética, que trata de fazer uma reflexão ética sobre novas tecnologias e técnicas (Levy, 2008). Alpert (2008), em um estudo de nanotecnologia que envolveu técnicas de neurociência, apresentou algumas questões éticas que devem ser ponderadas:

l. A aplicação de ciência/tecnologia representa danos físicos ou ambientais? Se assim for, podemos mitigá-los? Se sim, como?

II. A aplicação da ciência/tecnologia apresenta potenciais danos físicos ou psicológicos às pessoas? Se assim for, podemos mitigá-los? Se sim, como?

III. Existem potenciais usos colaterais (benéficos e prejudiciais) da ciência/tecnologia que precisam ser reconhecidos e tratados com antecedência?

Para complementar, especificamente em relação ao uso do neuromarketing, Benito e Guerra (2011) sintetizam alguns problemas éticos:

- Privacidade nas preferências e "leitura mental": Os sujeitos da pesquisa devem ser capazes de escolher quais informações revelar sobre suas preferências ou pensamentos. De certa forma, o neuromarketing inibe essa escolha, pois retira as respostas diretamente da atividade cerebral, embora a profundidade real das informações que podem ser acessadas atualmente não deva gerar grandes preocupações. Há um debate intenso sobre a capacidade atual da tecnologia de ler os pensamentos das pessoas, bem como de que maneira a sociedade deve reagir se essa capacidade aumentar em um futuro próximo.

- A tecnologia poderia ser usada para desenvolver técnicas de manipulação subliminar: Existem algumas evidências de que podemos perceber estímulos e, até mesmo, de que estes podem ter efeitos em nossos comportamentos. Com a tecnologia atual, não é viável que tais "pistas" possam se tornar estratégias de vendas infalíveis, mas a questão permanece sobre o que aconteceria se essas técnicas de vendas fossem desenvolvidas.

- Descobertas anormais: Anormalidades na fMRI ocorrem em aproximadamente 1% dos casos. Muitas vezes, pode ser um simples falso positivo, mas em outros momentos pode envolver a detecção de um problema de saúde para o sujeito estudado. As empresas de neuromarketing devem ter uma política escrita para atuar nesses casos, talvez com base no que os pesquisadores e os médicos previamente acordaram.

No entanto, o neuromarketing tem seu lado positivo. Prado (2015) citando Braidot, um especialista no assunto, afirma que essa área contribui ao oferecer recursos inestimáveis para pesquisar o mercado, segmentá-lo e desenvolver estratégias eficazes para os produtos, como *design*, marca, embalagem, posicionamento, preços, *mix* de comunicações, canais e vendas. A ideia central é prever o comportamento do consumidor de forma mais assertiva! Diferente do que falam, assim como o marketing tradicional, o neuromarketing não cria necessidades, mas as satisfaz por meio dos desejos, já que as necessidades nascem com os seres humanos.

Os indivíduos têm sede, fome, desejo de se relacionarem, de se sentirem seguros, terem *status* e poder (tais características são mais fortes em algumas pessoas do que em outras). Então, quando alguém compra um tênis da Nike de R$ 1.000,00 sem ter recursos suficientes (tendo que se endividar), a necessidade de querer "aparecer" (mostrar que tem *status*) está apenas sendo externalizada. O marketing só apresenta produtos que geram o desejo de satisfazer a tais necessidades. Enfim, o neuromarketing não tem o poder de controlar as decisões de compra, mas sim de estimular, provocar e encorajar. Além disso, ele pode ser usado em benefício de toda a sociedade, a exemplo de sua utilização no marketing social, em campanhas para reduzir o consumo de cigarros, drogas e álcool.

Logo, suas estratégias não estão relacionadas com a propaganda subliminar, a qual se baseia em imagens/mensagens que não são percebidas pelo olho humano, e sim pelo subconsciente, com o intuito de gerar lembrança (Prado, 2015). Aliás, este tema – mensagem subliminar –, apesar de gerar bastante curiosidade, não tem comprovação científica de sua eficácia (o que vai contra os simpatizantes de teorias da conspiração).

Inclusive, há um caso de uma suposta interferência de mensagens subliminares, mas que se revelou como mera manipulação de resultados.

A expressão *propaganda subliminar* foi utilizada pela primeira vez em 1957 pelo pesquisador James Vicary. Ele afirmou que conseguiria fazer com que espectadores de um cinema comessem pipoca e bebessem Coca-Cola, ao inserir na tela do cinema imagens rápidas que davam essa ordem. Desde então, o medo de que governos e seitas pudessem usar essa técnica fez com que a propaganda subliminar fosse proibida em muitos países. O Brasil é um deles. Alguns anos depois, Vicary afirmou ter manipulado os resultados de sua pesquisa, que era uma fraude (Souza, 2009).

Atualmente, sabe-se que tais mensagens até teriam efeito, mas muito sutil. Além disso, a pessoa precisaria estar focada, prestando muita atenção, para sofrer algum impacto, o que seria bem difícil, pois é justamente durante os comerciais de televisão que a maioria das pessoas se levanta para fazer algo ou troca de canal. Empresas, marcas e até filmes usam tal estratégia muito mais para gerar *buzz* marketing[3] do que acreditando que tem algum efeito significativo no comportamento das pessoas.

Para finalizar, infelizmente existem maus profissionais em todas as áreas e empresas com interesses duvidosos que fazem parte do mercado. Assim, os profissionais que utilizam o neuromarketing devem atuar com códigos éticos muito elevados e estritos, ou seja, para boas práticas, e não para outros fins (Prado, 2015).

---

3   "Comentário boca a boca contagiante sobre produtos, serviços, marcas e ideias" (Carl, 2006, p. 602, tradução nossa).

Síntese

Neste último capítulo, verificamos quais são os equipamentos que podem ser utilizados no neuromarketing, bem como suas vantagens e desvantagens – a exemplo dos custos elevados. Também apresentamos técnicas que não envolvem tanta tecnologia e, por isso, são menos onerosas.

Além disso, enfatizamos que é difícil utilizar os dados obtidos por meio de pesquisas de neuromarketing e que devemos ter cautela ao fazer generalizações dos resultados, sempre lembrando de avaliar o contexto da pesquisa. Por fim, explicamos que devemos considerar a ética no uso de pesquisas de neuromarketing, assim como em qualquer pesquisa.

Questões para revisão

1. Mesmo que a neurociência já utilize técnicas bem avançadas, o neuromarketing é uma área relativamente nova e que ainda está em desenvolvimento. Por conta disso, muitas pessoas têm uma visão distorcida dessa área. A esse respeito, analise as assertivas a seguir e indique V para as verdadeiras e F para as falsas.

    ( ) A propaganda subliminar se baseia em imagens/mensagens percebidas pelo olho humano.
    ( ) Tanto o marketing tradicional como o neuromarketing não criam necessidades, mas as satisfazem por meio dos desejos.
    ( ) O intuito do neuromarketing é revelar o que está dentro do cérebro das pessoas, e não implementar ideias ou forçá-las a comprar.

    A seguir, marque a alternativa que apresenta a sequência correta:
    a. V, V, V.
    b. F, V, F.
    c. V, F, V.
    d. V, V, F.
    e. F, V, V.

2. As técnicas neurocientíficas aplicadas à pesquisa de negócios e publicidade podem ser divididas em três categorias: as que registram a atividade fisiológica do cérebro; as que registram as outras atividades fisiológicas; e as que registram comportamento e conduta. A esse respeito, todas as alternativas a seguir apresentam tecnologias de registro de imagem cerebral, exceto:

    a. fMRI (imagem por ressonância magnética funcional).
    b. FDOT (tomografia ótica funcional difusa).
    c. *Eye tracking*.
    d. MEG (magnetoencefalografia).
    e. PET (tomografia por emissão de positrões).

3. A respeito das premissas da ZMET, avalie as assertivas a seguir e marque V para as verdadeiras e F para as falsas.

    [ ] A maioria da comunicação é verbal.
    [ ] Pensamentos ocorrem em forma de imagens.
    [ ] Metáforas não são importantes na cognição.
    [ ] A cognição é baseada em experiências.
    [ ] Razão, emoção e experiência são misturadas.

    A seguir, indique a alternativa que apresenta a sequência correta:

    a. V, F, V, F, F.
    b. V, V, F, F, V.
    c. F, V, F, V, F.
    d. V, V, F, F, V.
    e. F, V, F, V, V.

4. Explique o que se entende por neuroética.
5. As pessoas têm medo de mensagens subliminares. Elas realmente funcionam? O que se pode afirmar sobre isso?

Questões para reflexão

1. Muitas pessoas têm uma visão bem distorcida do neuromarketing, pois acreditam se tratar de estratégias para enganar as pessoas. O que você falaria para essas pessoas em defesa do neuromarketing?

Para saber mais

Os recentes avanços na neurociência suscitam inúmeras questões éticas. A neuroética corresponde ao estudo dos avanços éticos, legais e sociais em neurociência. Apesar de ser uma disciplina desenvolvida recentemente, ela possui longa tradição histórica. A preocupação com questões éticas na neurociência é antiga e remonta às tradições filosóficas e científicas que originalmente tinham procurado compreender a relação entre cérebro e comportamento. Para saber mais sobre neuroética, leia o artigo a seguir:

HAMDAN, A. C. Neuroética: a institucionalização da ética na neurociência. Revista Bioética, v. 25, n. 2, p. 275-281, 2017. Disponível em: <https://doi.org/10.1590/1983-80422017252187>. Acesso em: 26 out. 2021.

Considerações finais

Estimado leitor, finalmente terminamos a nossa viagem ao universo do neuromarketing e, certamente, você chegou até aqui com muito mais conhecimento sobre esse tema que, além de recente, é superinteressante, pois envolve um dos órgãos mais instigantes e pouco conhecidos de todos nós: o cérebro humano.

Mesmo conhecendo apenas uma parte do nosso cérebro, ele já nos fornece uma infinidade de informações muito importantes, inclusive para o marketing! Saber como os consumidores se comportam e tomam suas decisões e que eles são influenciados por características como gênero, genética, idade etc. já é um grande passo. De posse de tais conhecimentos, podemos desenvolver estratégias de marketing muito mais eficazes para chamar a atenção de nosso público-alvo em meio a tantas informações às quais ele é exposto diariamente. Por exemplo, se a neurociência já sabe que as mulheres são mais empáticas, vamos explorar essa característica ao nos comunicarmos com elas!

Para além das informações obtidas por meio da neurociência, podemos nos aprofundar e utilizar seus equipamentos e suas técnicas para fazer pesquisas em marketing. Dessa forma, conseguiremos resultados muitos mais precisos, sem vieses. Por exemplo: Em qual lugar do seu *e-commerce* você deve colocar uma promoção a fim de que o consumidor visualize-a? Com a ajuda do *eye tracker*, se você mensurar para onde as pessoas olham primeiro ao acessarem sua loja virtual, terá certeza do melhor ponto para colocar essa promoção.

As pesquisas em neuromarketing ainda são muito caras, mas temos certeza de que em breve esse custo diminuirá, o que possibilitará cada vez mais realizar esse tipo de pesquisa e, a partir delas, elaborar estratégias que trarão melhores resultados para as empresas. Quando isso acontecer, você já vai ter, no mínimo, uma boa noção do que é essa área! E nesse momento, esperamos que você se lembre de ponderar as questões éticas envolvidas nesse tipo de pesquisa, pois, para sermos bons profissionais, precisamos ter sempre a ética como nosso foco.

Assim, as pessoas deixarão de temer o neuromarketing e passarão a compreendê-lo e aceitá-lo como uma prática que, na realidade, existe para as empresas conhecerem melhor seus consumidores e desenvolverem e comunicarem melhor seus produtos e serviços. Sob essa ótica, as organizações apresentarão melhores resultados, os consumidores ficarão mais satisfeitos e toda a sociedade ganhará com isso. Enfim, essa é uma visão que no momento pode parecer um pouco utópica, mas como Yoko Ono disse e John Lennon citou na década de 1980: "Um sonho que você sonha sozinho é apenas um sonho. Um sonho que você sonha junto é realidade" (Lennon, citado por Sheff, 2021, p. 16, tradução nossa).

Então, sonhe com a gente!

Referências

ABADIHA, A. H. N. Neuromarketing in Branding. In: NATIONAL CONFERENCE ON NEW THINKING IN BUSINESS MANAGEMENT, 2., 2018, Tehran.

ALMEIDA, C. F. C. de; ARRUDA, D. M. de O. O neuromarketing e a neurociência do comportamento do consumidor: o futuro por meio da convergência de conhecimentos. Ciências & Cognição, v. 19, n. 2, p. 278-297, 2014. Disponível em: <https://www.cienciasecognicao.org/revista/index.php/cec/article/view/909>. Acesso em: 22 set. 2021.

ALPERT, S. Neuroethics and Nanoethics: do we Risk Ethical Myopia?. Neuroethics, v. 1, n. 1, p. 55-68, 2008.

ANHOLT, R. R. H.; MACKAY, T. F. C. Principles of Behavioral Genetics. Oxford: Academic Press, 2009.

ARAGÃO, F. J. L.; MOREIRA, J. R. (Ed.). Mendel: das leis da hereditariedade à engenharia genética. Brasília: Embrapa, 2017.

ARIANO, E. Neuromarketing: uma revolução em andamento. 6 ago. 2015. Disponível em: <https://goadmedia.com.br/insights/neuromarketing-uma-revolucao-em-andamento>. Acesso em: 25 out. 2021.

ARNETT, J. J. Emerging Adulthood(s): the Cultural Psychology of a New Life Stage. In: JENSEN, L. A. (Ed.). Bridging Cultural and Developmental Approaches to Psychology: New Syntheses in Theory, Research, and Policy. New York: Oxford University Press, 2011. p. 255-275.

BARBER, B. M.; ODEAN, T. Boys will be Boys: Gender, Overconfidence, and Common Stock Investment. The Quarterly Journal of Economics, p. 261-292, Feb. 2001. Disponível em: <https://faculty.haas.berkeley.edu/odean/papers/gender/boyswillbeboys.pdf>. Acesso em: 26 out. 2021.

BARLETTA, M. Como as mulheres compram: marketing para impactar e seduzir o maior segmento do mercado. Tradução de Maurette Brandt. Rio de Janeiro: Campus, 2003.

BAUM, W. M. Compreender o behaviorismo: comportamento, cultura e evolução. Tradução de Maria Teresa Araujo Silva et al. 2. ed. Porto Alegre: Artmed, 2006.

BEE, H.; BOYD D. A criança em desenvolvimento. 12. ed. Porto Alegre: Artmed, 2011.

BENITO, S. M.; GUERRA, V. F. Neuromarketing: tecnologías, mercado y retos. Pensar la Publicidad, v. 5, n. 2, p. 19-42, 2011.

BERNARDO, V. de O. Neuromarketing: um estudo sobre a sensibilização do consumidor. 41 f. Trabalho de Conclusão de Curso (Bacharelado em Gestão de Empresas) – Universidade Estadual de Campinas, Limeira, 2012. Disponível em: <http://www.bibliotecadigital.unicamp.br/document/?down=000925580>. Acesso em: 7 dez. 2021.

BERNE, E. O que você diz depois de dizer olá? A psicologia do destino. Tradução de Rosa S. Krausz. São Paulo: Nobel, 1988.

BRENNAN, B. Por que elas compram: estratégias inovadoras para atingir o segmento de consumidores mais poderoso do mundo. Rio de Janeiro: Elsevier, 2010.

BRIDGER, D. Neuro Design: Neuromarketing Insights to Boost Engagement and Profitability. Londres: Kogan Page, 2017.

BRIDGER, D. Neuromarketing: como a neurociência aliada ao design pode aumentar o engajamento e a influência sobre os consumidores. Tradução de Afonso Celso da Cunha Serra. Belo Horizonte: Autêntica, 2018.

CAMARGO, P. Neuromarketing: descodificando a mente do consumidor. Porto: Edições Ipam, 2009.

CAMARGO, P. Neuromarketing e a margem de erro da pesquisa eleitoral. 20 out. 2014. Disponível em: <https://www.mundodomarketing.com.br/artigos/pedro-camargo/31985/neuromarketing-e-a-margem-de-erro-da-pesquisa-eleitoral.html>. Acesso em: 25 out. 2021.

CARL, W. J. What's all the Buzz about? Everyday Communication and the Relational Basis of Word-of-Mouth and Buzz Marketing Practices. Management Communication Quarterly, v. 19, n. 4, p. 601-634, 2006.

CARPANEZ, J. Mentira que mata. UOL Notícias, 18 ago. 2018. Disponível em: <https://www.uol/noticias/especiais/das-fake-news-ao-linchamento-como-uma-mentira-levou-a-morte-de-uma-inocente.htm#nunca-achei-que-fosse-possivel-uma-mentira-matar-uma-pessoa?cmpid=copiaecola>. Acesso em: 24 set. 2021.

CASTRO, C. Mulheres realmente falam mais do que os homens. Superinteressante, 21 dez. 2016. Disponível em: <https://super.abril.com.br/blog/cienciamaluca/mulheres-realmente-falam-mais-do-que-os-homens>. Acesso em: 25 out. 2021.

COGNITIVO. In: Dicionário Priberam. Disponível em: <https://dicionario.priberam.org/cognitivo>. Acesso em: 22 set. 2021.

COLAFERRO, C. A.; CRESCITELLI, E. A contribuição do neuromarketing para o estudo do comportamento do consumidor. Brazilian Business Review, v. 11, n. 3, p. 130-153, maio/jun. 2014. Disponível em: <https://www.bbronline.com.br/index.php/bbr/article/download/260/396>. Acesso em: 8 dez. 2021.

CORMODE, G.; KRISHNAMURTHY, B. Key Differences Between Web 1.0 and Web 2.0. First Monday, v. 13, n. 6, June 2008.

CORRÊA, A. B. A. A exclusão da população de baixa renda dos sistemas de trocas comerciais: uma análise histórica sob a perspectiva do marketing. 95 f. Dissertação (Mestrado em Administração de Empresas) – Pontifícia Universidade Católica do Rio, Rio de Janeiro, 2011. Disponível em: <https://www.maxwell.vrac.puc-rio.br/colecao.php?strSecao=resultado&nrSeq=17977@1>. Acesso em: 4 dez. 2021.

CORREIA, M. S. C. Avaliação dos contributos do neuromarketing na gestão da marca. 156 f. Dissertação (Mestrado em Ciências Econômicas e Empresariais) – Universidade dos Açores, Ponta Delgada, 2014. Disponível em: <https://core.ac.uk/download/pdf/61445172.pdf>. Acesso em: 27 set. 2021.

CRITEO. State of Ad Tech 2019. Disponível em: <https://www.criteo.com/br/wp-content/uploads/sites/5/2019/03/2019-State-of-Ad-Tech-BR.pdf>. Acesso em: 25 set. 2021.

CRUZ, F. M. M. da; FISCHER, M. F. A. A diferenciação do cérebro masculino e feminino na ótica do neuromarketing. Biblioteca Virtual IESP, 2017. Disponível em: <http://anyflip.com/cmyx/amsd/basic>. Acesso em: 22 set. 2021.

DARWIN, C. On the Origin of Species. London: J. Murray, 1859.

DAWKINS, R. The Selfish Gene. 2. ed. Oxford: Oxford University Press: OUP, 1989.

DE CAMARGO, P. S. Não minta pra mim! Psicologia da mentira e linguagem corporal. São Paulo: Summus, 2012.

DIAMOND, A. Executive Functions. Annual Review of Psychology, v. 64, p. 135-168, 2013. Disponível em: <https://www.annualreviews.org/doi/pdf/10.1146/annurev-psych-113011-143750>. Acesso em: 27 set. 2021.

ERIKSON, E. H. O ciclo de vida completo. Porto Alegre: Artes Médicas, 1998.

FADIMAN, J.; FRAGER, R. Teorias da personalidade. Tradução de Camila Pedral Sampaio e Sybil Safdié. São Paulo: Harbra, 1986.

FELDMAN, R. S.; FORREST, J. A.; HAPP, B. R. Self-presentation and Verbal Deception: do Self-presenters Lie More? Basic and Applied Social Psychology, v. 24, n. 2, p. 163-170, 2002.

FISHER, C. E.; CHIN, L.; KLITZMAN, R. Defining Neuromarketing: Practices and Professional Challenges. Harvard Review of Psychiatry Perspectives, v. 18, n. 4, p. 230-237, 2010.

FREIRE, L. Grande e novíssimo dicionário da língua portuguesa. Rio de Janeiro: J. Olympio, 1954. 5 v.

FREITAS, M. Exemplos e teorias do desenvolvimento infantil. Disponível em: <https://blog.ieac.net.br/exemplos-e-teorias-do-desenvolvimento-infantil/>. Acesso em: 5 dez. 2021.

FREUD, S. Conferências introdutórias sobre psicanálise (Parte III) (1915-1916). Rio de Janeiro: Imago, 1980a. (Obras psicológicas completas de Sigmund Freud, v. XVI).

FREUD, S. Estudos sobre a histeria (1893-1895). Rio de Janeiro: Imago, 1980b. (Obras psicológicas completas de Sigmund Freud, v. II).

FREUD, S. Moisés e o monoteísmo, esboço de psicanálise e outros trabalhos (1937-1939). Rio de Janeiro: Imago, 1980c. (Obras psicológicas completas de Sigmund Freud, v. XXIII).

GAKHAL, B.; SENIOR, C. Examining the Influence of Fame in the Presence of Beauty: an Electrodermal "Neuromarketing" Study. Journal of Consumer Behaviour, v. 7, n. 4-5, p. 331-341, 2008.

GALÃO, F. P.; CRESCITELLI, E.; BACCARO, T. A. Comunicação integrada de marketing: uma ferramenta do posicionamento estratégico? Revista de Ciências Jurídicas e Empresariais, Londrina, v. 12, n. 1, p. 85-91, mar. 2011. Disponível em: <https://revistajuridicas.pgsskroton.com.br/article/view/948>. Acesso em: 26 out. 2021.

GAZZANIGA, M. S.; HEATHERTON, T. F. Ciência psicológica: mente, cérebro e comportamento. Porto Alegre: Artmed, 2005.

GENCO, S. J.; POHLMANN, A. P.; STEIDL, P. Neuromarketing for Dummies. New York: John Wiley & Sons, 2013.

GOMES, A. O teste implícito de associação: a ponte direta entre inconsciente do consumidor e branding! 18 jul. 2017. Disponível em: <https://blog.forebrain.com.br/o-teste-implicito-de-associacao-a-ponte-direta-entre-inconsciente-do-consumidor-e-branding/>. Acesso em: 25 set. 2021.

GONÇALVES, L. S. Neuromarketing aplicado à redação publicitária: descubra como atingir o subconsciente de seu consumidor. São Paulo: Novatec, 2016.

HEURÍSTICA. In: Significados. Disponível em: <https://www.significados.com.br/heuristica/>. Acesso em: 24 set. 2021.

HEYWOOD, C. Uma história da infância: da Idade Média à época contemporânea no Ocidente. Porto Alegre: Artmed, 2004.

HILL, D. Emotionomics: por que o sentimento dos clientes pela sua marca determina o sucesso do seu negócio. Tradução de Mirna Soares de Andrade. Rio de Janeiro: Elsevier, 2009.

IZQUIERDO, I. Memória. 2. ed. Porto Alegre: Artmed, 2011.

KAPLAN, A. M.; HAENLEIN, M. Users of the World, Unite! The Challenges and Opportunities of Social Media. Business Horizons, v. 53, n. 1, p. 59-68, Feb. 2010.

KOTLER, P.; ARMSTRONG, G. Princípios de marketing. Tradução de Arlete Simille Marques. 12. ed. São Paulo: Pearson Prentice Hall, 2007.

LANGE-FARIA, W.; ELLIOT, S. Understanding the Role of Social Media in Destination Marketing. Tourismos, v. 7, n. 1, p. 193-211, Jan. 2012.

LEDOUX, J. The Emotional Brain: the Mysterious Underpinnings of Emotional Life. New York: Simon & Schuster, 1996.

LEFRANÇOIS, G. R. Teorias da aprendizagem: o que o professor disse. Tradução de Solange A. Visconte. São Paulo: Cengage Learning, 2016.

LEVY, N. Introducing Neuroethics. Neuroethics, v. 1, n. 1, p. 1-8, 2008.

LEWIS, D.; BRIDGES, D. A alma do novo consumidor. São Paulo: Makron Books, 2004.

LIMA, W. M. de. No dia do design, profissional conta as dificuldades da profissão. 5 nov. 2013. Disponível em: <http://www.douranews.com.br/index.php/dourados/item/68974-no-dia-do-design-profissional-conta-as-dificuldades-da-profiss%C3%A3o>. Acesso em: 25 out. 2021.

LINDSTROM, M. A lógica do consumo: verdades e mentiras sobre por que compramos. Tradução de Marcello Lino. Rio de Janeiro: Harper Collins Brasil, 2016.

LINDSTROM, M. Brandsense: segredos sensoriais por trás das coisas que compramos. Tradução de Renan Santos. 2. ed. Rio de Janeiro: Bookman, 2011.

LOPES, P. V. de C. Experiência para o cliente a partir de loja conceito: um estudo sobre O Boticário. 81 f. Monografia (Bacharelado em Publicidade e Propaganda) – Universidade Federal do Rio Grande do Sul, Porto Alegre, 2013. Disponível em: <https://lume.ufrgs.br/bitstream/handle/10183/88709/000913301.pdf?sequence=1&isAllowed=y>. Acesso em: 27 set. 2021.

MACLEAN, P. D. The Triune Brain in Evolution: Role in Paleocerebral Functions. New York: Plenum Press, 1990.

MAGALHÃES, S. G. de. Pré-validação de um teste de emoções na idade pré-escolar. 78 f. Dissertação (Mestrado em Psicologia da Educação) – Universidade da Madeira, Madeira, 2015. Disponível em: <https://digituma.uma.pt/bitstream/10400.13/1469/3/MestradoSaraMagalh%C3%A3es.pdf>. Acesso em: 25 out. 2021.

MALHOTRA, N. K. Pesquisa de marketing: uma orientação aplicada. Tradução de Laura Bocco. 3. ed. Porto Alegre: Bookman, 2004.

MATEOS, G. 8 medos hilários que atrasaram o progresso da humanidade. 25 abr. 2015. Disponível em: <https://hypescience.com/8-medos-hilarios-que-atrasaram-o-progresso-da-humanidade/>. Acesso em: 22 set. 2021.

MAYER, R. E. The Promise of Multimedia Learning: Using the Same Instructional Design Methods Across Different Media. Learning and Instruction, v. 13, n. 2, p. 125-139, 2003.

MCCLURE, S. M. et al. Neural Correlates of Behavioral Preference for Culturally Familiar Drinks. Neuron, v. 44, n. 2, p. 379-387, Oct. 2004.

MENELAU, S. et al. Mapeamento da produção científica da Indústria 4.0 no contexto dos BRICS: reflexões e interfaces. Cadernos EBAPE.BR, v. 17, n. 4, p. 1094-1114, out./dez. 2019. Disponível em: <https://bibliotecadigital.fgv.br/ojs/index.php/cadernosebape/article/view/74878/77075>. Acesso em: 8 dez. 2021.

MOREIRA, G. A. A influência da nova mulher consumidora nas estratégias de marketing das organizações: análise Volkswagen. 48 f. Trabalho de Conclusão de Curso (Bacharelado em Comunicação Social) – Centro Universitário de Brasília, Brasília, 2010. Disponível em: <https://repositorio.uniceub.br/jspui/bitstream/123456789/1130/2/20704796.pdf>. Acesso em: 27 set. 2021.

MOREIRA, M. A. Teorias de aprendizagem. São Paulo: EPU, 1999.

MORENO, T. Novo Tiggo 5X estreia na China com garantia "vitalícia" para o motor. 20 jul. 2020. Disponível em: <https://www.autoo.com.br/chery-revela-o-tiggo-5x-de-cara-nova-na-china/>. Acesso em: 24 set. 2021.

MOTTA, P. C. Marketing: a extinção de uma disciplina. Revista de Administração, v. 18, n. 1, p. 37-43, 1983. Disponível em: <https://www.revistas.usp.br/rausp/article/view/166875/159459>. Acesso em: 27 set. 2021.

NAHAI, N. Webs of Influence: the Psychology of Online Persuasion. 2. ed. London: Pearson, 2017.

NEGRÃO, C.; CAMARGO, E. Design de embalagem: do marketing à produção. São Paulo: Novatec, 2008.

NEIVA, L. do A. O neuromarketing e a comunicação visual. Universitas – Arquitetura e Comunicação Social, v. 9, n. 2, p. 25-36, jul./dez. 2012a. Disponível em: <https://www.publicacoesacademicas.uniceub.br/arqcom/article/view/1985/1706>. Acesso em: 27 set. 2021.

NEIVA, L. do A. O neuromarketing e a comunicação visual: uma análise da contribuição do estudo de neuromarketing para a comunicação visual das embalagens. 86 f. Monografia (Bacharelado em Publicidade e Propaganda) – Centro Universitário de Brasília, Brasília, 2012b. Disponível em: <https://repositorio.uniceub.br/jspui/bitstream/123456789/1887/2/20839451.pdf>. Acesso em: 27 set. 2021.

OLIVEIRA, S. L. I. de; MORETTI, S. L. A.; SILVA, L. A. Os primeiros estudos em marketing: a influência da filosofia e das ciências nos primeiros estudos em marketing – uma análise da obra *Marketing Problems* de Melvin T. Copeland. Revista Brasileira de Marketing, v. 16, n. 4, p. 502-519, out./dez. 2017. Disponível em: <https://periodicos.uninove.br/remark/article/view/12197/5841>. Acesso em: 27 set. 2021.

PASTORE, C. M. de A.; MAFFEZZOLLI, E. C. F.; MAZZON, J. A. The Use of Biomarkers in Marketing Research. Revista de Administração Contemporânea, v. 22, n. 3, p. 403-423, 2018.

PECK, J.; WIGGINS, J. It Just Feels Good: Customers' Affective Response to Touch and its Influence on Persuasion. Journal of Marketing, v. 70, n. 4, p. 56-69, Oct. 2006.

PLOMIN, R.; SIMPSON, M. A. The Future of Genomics for Developmentalists. Development and Psychopathology, v. 25, n. 4, p. 1263-1278, Nov. 2013.

PLUTCHIK, R. Emotion: a Psychoevolutionary Synthesis. New York: Harper & Row, 1980.

PRADEEP, A. K. The Buying Brain: Secrets for Selling to the Subconscious Mind. New York: John Wiley & Sons, 2010.

PRADO, J. A. El neuromarketing y la ingeniería del branding. Perfiles de Ingeniería, v. 2, n. 11, p. 77-83, 2015. Disponível em: <https://revistas.urp.edu.pe/index.php/Perfiles_Ingenieria/article/view/407/403>. Acesso em: 27 set. 2021.

REIS, A. F. S. dos. Neuromarketing aplicado ao estudo da relação entre o marketing sensorial e a satisfação do consumidor no e-commerce. 111 f. Dissertação (Mestrado em Marketing Digital) – Universidade do Porto, Porto, 2019. Disponível em: <https://recipp.ipp.pt/bitstream/10400.22/15976/1/AnaReis_MMD_2019.pdf>. Acesso em: 27 set. 2021.

ROCHA, P. I. Influenciadores digitais e publicidade nativa no Instagram: um estudo de neuromarketing sobre a influência na geração Z da revelação de conteúdo pago na percepção de transparência de patrocínio e na atitude em relação ao anúncio. 111 f. Dissertação (Mestrado em Administração de Organizações) – Universidade de São Paulo, Ribeirão Preto, 2019. Disponível em: <https://teses.usp.br/teses/disponiveis/96/96132/tde-11112019-113820/publico/PatriciaIRocha_Corrigida.pdf>. Acesso em: 27 set. 2021.

RODRIGUES, C.; HULTÉN, B.; BRITO, C. Sensorial Brand Strategies for Value Co-creation. Innovative Marketing, v. 7, n. 2, p. 40-47, 2011. Disponível em: <https://www.businessperspectives.org/images/pdf/applications/publishing/templates/article/assets/3993/im_en_2011_02_Hulten.pdf>. Acesso em: 27 set. 2021.

ROSA, M. Qual o seu cheirinho de loja favorito? Conheça alguns. Metrópoles, 30 jan. 2018. Disponível em: <https://www.metropoles.com/vida-e-estilo/comportamento/qual-o-seu-cheirinho-de-loja-favorito-conheca-alguns?amp>. Acesso em: 24 set. 2021.

ROTH, G.; DICKE, U. Evolution of Nervous Systems and Brains. In: GALIZIA, C.; LLEDO, P. M. (Ed.). Neurosciences: from Molecule to Behavior – a University Textbook. Berlin: Springer Spektrum, 2013. p. 19-45.

SANTOS, F. A. M. R. dos. et al. Neuromarketing: a ciência por trás do consumo. Revista Contribuciones a las Ciencias Sociales, mar. 2020. Disponível em: <https://www.eumed.net/rev/cccss/2020/03/neuromarketing-ciencia-consumo.html>. Acesso em: 27 set. 2021.

SANTOS, M. F. et al. Refletindo sobre a ética na prática do neuromarketing: a neuroética. Revista Brasileira de Marketing, v. 13, n. 3, p. 49-62, abr./jun. 2014. Disponível em: <https://periodicos.uninove.br/remark/article/view/12039/5676>. Acesso em: 4 dez. 2021.

SARQUIS, A. B. et al. Marketing sensorial na comunicação de marca: um ensaio teórico. Revista Brasileira de Gestão e Inovação (Brazilian Journal of Management & Innovation), v. 2, n. 3, p. 1-21, maio/ago. 2015. Disponível em: <http://www.ucs.br/etc/revistas/index.php/RBGI/article/view/3614/2136>. Acesso em: 27 set. 2021.

SHEFF, D. All we are Saying: The Last Major Interview with John Lennon and Yoko Ono. London: Pan Books, 2021.

SOLLISCH, J. The Cure for Decision Fatigue. The Wall Street Journal, 10 jun. 2016. Disponível em: <https://www.wsj.com/articles/the-cure-for-decision-fatigue-1465596928>. Acesso em: 24 set. 2021.

SOLOMON, M. R. O comportamento do consumidor: comprando, possuindo e sendo. Tradução de Beth Honorato. 11. ed. Porto Alegre: Bookman, 2016.

SOUZA, S. de. Mensagem subliminar funciona, afirmam cientistas. 29 set. 2009. Disponível em: <https://hypescience.com/21841-mensagem-subliminar>. Acesso em: 24 set. 2021.

SUPERINTERESSANTE. Por que mentimos? Darwin explica. 31 out. 2016. Disponível em: <https://super.abril.com.br/comportamento/por-que-mentimos-darwin-explica/>. Acesso em: 24 set. 2021.

THE FREE MIND CONFLUENCE. Dove Brand: ZMET Analysis. 16 jan. 2018. Disponível em: <https://thefreemindconfluence.wordpress.com/2018/01/16/dove-brand-zmet-analysis>. Acesso em: 25 out. 2021.

THOMAS, B. Revenge of the Lizard Brain. Scientific American Blog, 7 set. 2012. Disponível em: <https://blogs.scientificamerican.com/guest-blog/revenge-of-the-lizard-brain>. Acesso em: 27 set. 2021.

TIAGO, M. T. P. M. B.; VERÍSSIMO, J. M. C. Digital Marketing and Social Media: Why Bother? Business Horizons, v. 57, n. 6, p. 703-708, 2014.

UPADHYAYA, M. An Investigation on Neuro Branding through Social Media as an Emerging Marketing Tool. In: AIP CONFERENCE PROCEEDINGS, 2020.

UZUNOĞLU, E.; KIP, S. M. Brand Communication Through Digital Influencers: Leveraging Blogger Engagement. International journal of information management, v. 34, n. 5, p. 592-602, Oct. 2014.

VARONI, M. Saiba qual é a diferença entre realidade virtual e realidade aumentada. TechTudo, 19 jan. 2018. Disponível em: <https://www.techtudo.com.br/noticias/2018/01/saiba-qual-e-a-diferenca-entre-realidade-virtual-e-realidade-aumentada.ghtml>. Acesso em: 24 set. 2021.

VENTURA, D. F. Um retrato da área de neurociência e comportamento no Brasil. Psicologia – Teoria e Pesquisa, Brasília, v. 26, p. 123-129, 2010. Disponível em: <https://www.scielo.br/j/ptp/a/FWkB6QRJ4hkjJbqq66sfjcd/abstract/?lang=pt>. Acesso em: 27 set. 2021.

VERONICA, B. Brief History of Neuromarketing. THE INTERNATIONAL CONFERENCE ON ECONOMICS AND ADMINISTRATION, 2009, Bucharest. Anais... Bucharest: Icea/FAA, 2009. p. 119-121.

VIEIRA, M. L.; OLIVA, A. D. (Org.). Evolução, cultura e comportamento humano. Florianópolis: Edições do Bosque/CFH/UFSC, 2017.

VIÉS. In: Dicionário Priberam. Disponível em: <https://dicionario.priberam.org/vi%C3%A9s>. Acesso em: 22 set. 2021.

VOLLENBROEK, W. et al. Identification of influence in social media communities. International Journal of Web Based Communities 4, v. 10, n. 3, p. 280-297, 2014.

WARC. The ARF David Ogilvy Awards. Disponível: <https://www.warc.com/awards/arf-ogilvy-awards>. Acesso em: 24 set. 2021.

WE ARE SOCIAL. Global Digital Report. 2019. Disponível em: <https://wearesocial.com/global-digital-report-2019>. Acesso em: 25 set. 2021.

WILLIAMS, R. Memetics: a New Paradigm for understanding Customer Behaviour? Marketing Intelligence & Planning, v. 20, n. 3, p. 162-167, Jun. 2002.

ZALTMAN, G. How Customers Think: Essential Insights Into the Mind of the Market. Massachusetts: Harvard Business Press, 2003.

ZALTMAN, G. Rethinking Market Research: Putting people back in. Journal of Marketing Research, v. 34, n. 4, p. 424-437, Nov. 1997.

ZINDEL, M. T. L. Finanças comportamentais: o viés cognitivo excesso de confiança no julgamento em investidores e sua relação com bases biológicas. 174 f. Tese (Doutorado em Engenharia de Produção) – Universidade Federal de Santa Catarina, Florianópolis, 2008. Disponível em: <https://repositorio.ufsc.br/xmlui/bitstream/handle/123456789/91926/255184.pdf?sequence=1&isAllowed=y>. Acesso em: 27 set. 2021.

Respostas

Capítulo 1

Questões para revisão
1. b
2. b
3. d
4. A empresa de consultoria BrightHouse, no ano de 2001.
5. Foi quando o marketing começou a se interessar pelo comportamento dos consumidores, que passou a ser o foco das empresas. Nesse momento, a neurociência se mostrou útil para ajudar o marketing nesse entendimento, já que se trata de uma área que busca compreender o comportamento humano por meio do estudo do cérebro.

Capítulo 2

Questões para revisão
1. c
2. c
3. a

4. Como já comprovado por diversas pesquisas, a genética tem influência sobre o comportamento dos indivíduos, e o neuromarketing atua explorando a forma pela qual o consumirdor geralmente se comporta.
5. Os fatores sociais devem ser considerados no comportamento do consumidor porque eles influenciam a maneira como as pessoas respondem às mensagens do marketing e tomam decisões de compra.

Capítulo 3

Questões para revisão

1. c
2. c
3. a
4. É muito importante que as empresas saibam como e por que os consumidores escolhem uma marca em detrimento de outra. Tal decisão pode ser racional ou não. Então, entender esse processo pode ser de grande valia para as organizações desenvolverem estratégias de forma mais eficaz.
5. Em uma pesquisa de marketing, as respostas poderão ser mentiras! Ao responder a uma pesquisa, a pessoa pode dar a resposta que ela acreditar ser mais "aceitável" ou a resposta "esperada", mas que não necessariamente condiz com a realidade. Isso deve ser levado em consideração no momento de traçar estratégias de marketing.

Capítulo 4

Questões para revisão

1. e
2. e

3. b
4. Os profissionais da psicologia evolutiva trabalham com a linha evolucionista e buscam explicar as emoções e os pensamentos com base na teoria da evolução por meio da seleção natural, de Charles Darwin.
5. As teorias do desenvolvimento infantil têm como embasamento a explicação de como os indivíduos mudam e crescem ao longo da infância. As teorias se concentram em vários aspectos do desenvolvimento, incluindo o crescimento social, emocional e cognitivo.

Capítulo 5

Questões para revisão
1. b.
2. d
3. a
4. Processamento de informação; determinação de significado e valor emocional; deliberação e análise.
5. Avaliação de linhas gráficas, avaliação de *landing pages* ou microsites, estudos de usabilidade e construção da marca.

Capítulo 6

Questões para revisão
1. e.
2. c
3. e
4. Trata-se de uma área que faz uma reflexão ética sobre novas tecnologias e técnicas empregadas na neurociência.
5. As mensagens subliminares até teriam um efeito, mas muito sutil, pois a pessoa precisaria estar focada, prestando muita atenção,

para sofrer algum impacto. Assim, acredita-se que empresas, marcas e até filmes usam tal estratégia muito mais para gerar *buzz* marketing do que acreditando que esta possa causar algum efeito significativo no comportamento das pessoas.

Sobre as autoras

Prof. Dr. Shirlei Miranda Camargo

Doutora em Administração (2017) pela Universidade Federal do Paraná (PPGADM-UFPR) com ênfase em Marketing Estratégico e mestre em Administração/Marketing (2008) pela mesma instituição. Possui especialização lato sensu em Administração/Marketing (2004) pela Fae Business School e é graduada em Desenho Industrial – Projeto do Produto (1998) pela Pontifícia Universidade Católica do Paraná (PUCPR).

Participa como pesquisadora do grupo de pesquisa em marketing estratégico da UFPR. Tem interesse na área de administração e marketing, nos seguintes temas: estratégia de marketing, varejo, supermercados, *layouts*, comportamento do consumidor e previsão de vendas.

Ministra aulas nos cursos presenciais, semipresenciais e EaD no Centro Universitário Internacional Uninter em diversas disciplinas, como Marketing, Comunicação, Metodologia, Administração, entre outras. Ainda, desenvolve materiais didáticos e videoaulas nesses cursos, além de ser responsável pela tutoria dos cursos de Gestão Comercial e Varejo Digital da mesma instituição.

Recentemente, teve o artigo "The Role of Marketing Capabilities, Absorptive Capacity, and Innovation Performance", escrito em conjunto com seus colegas, selecionado pela equipe editorial da renomada revista acadêmica norte-americana *Marketing Intelligence & Planning* e como artigo de destaque no Emerald Literati Awards de 2019, definido pela equipe da revista como um dos trabalhos mais excepcionais no ano de 2018.

Também publicou vários artigos em outros periódicos acadêmicos nacionais de renome: "Managers' influence on company capabilities", na *Revista de Administração Mackenzie* (2019); "Alimentação nos estádios: expectativas e motivações após a Copa do Mundo no Brasil", na *Revista Interdisciplinar de Marketing* (2018); "Srs. gestores, apertem os cintos, 'turbulência' à vista! Ou seria 'complexidade' à vista?", na *Intelligence and Information* (2018); "Processo de formulação de layouts em supermercados convencionais no Brasil: um estudo comparativo", na *Revista de Gestão USP* (2011); "Cultura da marca: estratégia ou acaso?", na *Revista Ciências Administrativas* (2011); e "Em que posso ajudar? O varejo e os portadores de deficiência visual", na *Negócios e Talentos* (2006).

Em 2016, publicou o artigo "The Role of Marketing Strategy Creativity and Organizational Learning in the Relationship Between Marketing Capabilities and Firm Performance", escrito com demais colegas, aceito e apresentado no European Academy of Management (Euram), que ocorreu em Paris nesse mesmo ano.

Ainda, é participante ativa no Encontro da Associação Nacional dos Programas de Pós-Graduação em Administração (Enanpad), segundo maior evento científico da área de administração no mundo, onde, desde 2016, tem artigos escolhidos para serem apresentados de forma ininterrupta, além de ser parecerista desse mesmo evento desde 2016. No ano de 2017, teve dois artigos aceitos no décimo Encontro Internacional de Produção Científica (EPCC).

Prof. Me. Vívian Ariane Barausse de Moura

Mestre em Informática (2015) pela Universidade Federal do Paraná (UFPR), bacharel em Informática (2010) pela Universidade Estadual de Ponta Grossa (UEPG) e graduada em Pedagogia (2012) pela UFPR. Tem experiência nas áreas de ciência da computação e pedagogia, lecionando em cursos superiores, e desenvolve materiais para EaD. Neurosicopedagoga e professora das salas de altas habilidades/superdotação (AH/SD) e de recursos multifuncionais (SRM), tem experiência em desenvolvimento de *software*, com atuação na interação humano-computador (IHC).

Participa de projetos de extensão nas áreas de IHC, UX design, inteligência artificial (IA), neurociências e AH/SD. Tem interesses nas áreas relacionadas a neurociências e suas aplicações no marketing e na educação.

Ministra aulas no curso de Gestão Comercial semipresencial e em outros cursos EaD no Centro Universitário Internacional Uninter em diversas disciplinas, como Neuromakerting, Inteligência Artificial, Gestão de Marcas e Branding, Gestão de Multicanais Omnichanel, entre outras. Também desenvolve materiais didáticos e videoaulas para tais cursos, além de atuar como tutora dos cursos de Gestão Comercial e Varejo Digital da mesma instituição.

Em 2017, publicou artigo na *Revista Brasileira de Informática na Educação* oriundo da sua dissertação do mestrado, com o tema "Avaliação do impacto da retroação na aprendizagem apoiada por uma ferramenta educacional". Tem alguns resumos publicados em anais de congressos.

Os papéis utilizados neste livro, certificados por instituições ambientais competentes, são recicláveis, provenientes de fontes renováveis e, portanto, um meio responsável e natural de informação e conhecimento.

FSC
www.fsc.org
MISTO
Papel produzido a partir de fontes responsáveis
FSC® C103535

Impressão: Reproset
Junho/2022